人口老龄化与金融产业发展研究

黄小兵　陈　蒙　孟新新　著

中国财富出版社有限公司

图书在版编目（CIP）数据

人口老龄化与金融产业发展研究／黄小兵，陈蒙，孟新新著．—北京：中国财富出版社有限公司，2022.9

ISBN 978－7－5047－7479－8

Ⅰ.①人…　Ⅱ.①黄…　②陈…　③孟…　Ⅲ.①人口老龄化—影响—金融业—产业发展—研究—中国　Ⅳ.①F832

中国版本图书馆 CIP 数据核字（2021）第 137327 号

策划编辑　于珊珊　李彩琴　**责任编辑**　张红燕　张　婷　**版权编辑**　李　洋
责任印制　梁　凡　**责任校对**　孙丽丽　**责任发行**　董　倩

出版发行	中国财富出版社有限公司		
社　　址	北京市丰台区南四环西路 188 号 5 区 20 楼	**邮政编码**	100070
电　　话	010－52227588 转 2098（发行部）		010－52227588 转 321（总编室）
	010－52227566（24 小时读者服务）		010－52227588 转 305（质检部）
网　　址	http：//www.cfpress.com.cn	**排　　版**	宝蕾元
经　　销	新华书店	**印　　刷**	北京九州迅驰传媒文化有限公司
书　　号	ISBN 978－7－5047－7479－8/F·3475		
开　　本	710mm×1000mm　1/16	**版　　次**	2022 年 10 月第 1 版
印　　张	9.75	**印　　次**	2022 年 10 月第 1 次印刷
字　　数	145 千字	**定　　价**	58.00 元

前　言

中国老年人口的规模正在迅速增长。根据2020年国家统计局发布的数据显示，截至2019年年末，中国60岁及以上的人口为2.54亿人，占总人口数的18.1%。预计到2050年，这一数字达到4.83亿，占总人口数的34.1%。随着人口老龄化趋势加快，可能会产生劳动力供给不足、养老负担加重和医疗需求增加等社会问题。如何满足数量庞大的老年人口的多方面需求，及时有效地解决人口老龄化带来的社会经济问题，事关百姓福祉，事关国家发展，事关民族兴衰。为积极应对人口老龄化，按照党的十九大决策部署，中共中央、国务院于2019年印发了《国家积极应对人口老龄化中长期规划》。党的十九届五中全会提出，实施积极应对人口老龄化国家战略。

人口老龄化不可避免地对人的投资与消费行为产生影响，从而对金融体系和虚拟经济产生影响，并进一步对实体经济产生影响。老年人收入结构单一，风险承受能力较低。同时，随着家庭结构中老龄人口的增多，家庭资产配置结构也开始改变，流动性资产比例增加，资本性资产比例下降，家庭资产的风险厌恶程度显著提高。人口老龄化对储蓄、资本市场、保险市场及房地产市场都会产生影响。人口老龄化给我国金融业既带来了巨大的挑战，也带来了快速发展的机遇。金融业应当积极开发新的金融产品应对老龄化的挑战，促进老龄金融产业的发展。

基于这个背景，本研究深入探讨了人口老龄化对金融产业发展的影响。本研究将从三个层面展开，首先分析人口老龄化背景下老龄金融产业发展，养老机构金融支持以及养老机构经营风险。其次从微观层面分析人口老龄化对个人和家庭金融行为的影响。最后从宏观层面探讨人口老龄化对金融产业的影响。具体内容如下。

第一章为老龄金融产业发展概述。本章介绍了老龄金融产业的内涵及分类，老龄金融的特征，老龄金融产业发展现状，老龄金融产业发展中存在的问题，以及促进老龄金融产业发展的建议。

第二章为数字经济发展中的人口老龄化。本章在指出数字经济为老龄人口带来的“数字赋能银发经济、老年生活质量提高及数字化创造新型就业岗位”三大新机遇的基础上，识别了数字鸿沟对老龄人口的三大冲击，包括新技术取代老年人就业岗位、数字产品适老化不足及年龄不平等的问题凸显。数字鸿沟不仅限制了老年人的数字经济参与能力，也不利于社会整体的共享发展。为此，本书从政府、社会、家庭三方视角系统阐述了应对之策，认为应加大老龄人口社会保障力度，推出数字适老化产品，以及实施家庭数字反哺。三方协同发力，助力老龄群体跨越数字鸿沟，充分融入数字经济，实现数字经济福祉的全民共享。

第三章为金融支持民营养老机构存在的问题及对策。传统养老模式无法满足庞大的老年市场需求，大力建设民营养老机构刻不容缓。但是受多种因素影响，民营养老机构多数是在微利的境遇下运营，其发展受到资金短缺等问题的制约。金融扶持民营养老机构的发展，让民营养老机构能够发挥更大的优势，这是当前中国应对人口老龄化社会的重要举措，也是解决老年人口养老困难的重要对策。本章主要介绍了民营养老机构生存发展现状，金融支持存在的问题以及应对策略。

第四章为民营养老机构的经营风险。在人口老龄化程度不断加深的背景下，由政府财政支持、具有公益性质的养老机构已经不能满足迅速增长的养老服务需要，而民营养老机构将会成为提供养老服务的重要力量。但由于存在养老业务起步晚、法律制度不健全、管理经验缺乏等问题，使得我国民营养老机构的经营风险较高，严重制约了民营养老机构的生存和发展。因此，本章对民营养老机构的经营风险进行了深入研究，并提出了一些有针对性的政策建议，以期促进我国民营养老机构的健康发展。

第五章为家庭人口老龄化对家庭资产配置的影响。本章利用2015年中国家庭金融调查（CHFS）数据，研究了家庭人口老龄化对家庭金融资产配置的影响，采用户主年龄是否超过60岁及家庭老人数占比两个指标来衡量家庭人口老龄化。研究发现，家庭人口老龄化对家庭持有股票资产和风险资产占总资产的比重有显著的抑制作用，而对家庭持有基金资产却有显著的促进作用。

第六章为家庭人口老龄化对家庭住房投资的影响。本章利用中国家庭金融调查（CHFS）2017年的微观数据，分析了家庭人口老龄化对家庭住房投资的影响。结果表明，衡量家庭人口老龄化的解释变量——老龄人口比和户主年龄均对家庭住房投资产生显著的正向影响，并且在模型中加入了老龄人口比的平方以及户主年龄的平方来验证家庭人口老龄化与家庭住房投资之间的一种非线性关系：家庭人口老龄化初期，能够促进住房投资，但随着老龄化程度的加重，会抑制家庭住房投资。

第七章为人口老龄化对商业保险需求的影响。本章基于2018年中国家庭追踪调查（CFPS）数据，选取家庭是否有老年人、老年人数和老龄人口占比3个指标来衡量人口老龄化程度，分别研究了人口老龄化对家庭是否购买商业保险和购买商业保险支出规模的影响。结果表明，人口老龄化对家庭商业保险购买意愿和规模都具有显著的抑制作用，且对城乡家庭的抑制程度存在差异；同时发现风险意识和家庭人均收入是人口老龄化现象抑制家庭商业保险需求的中介。

第八章为人口老龄化与家庭创业意愿。本章基于2015年中国综合社会调查（CGSS）的数据库，研究了家庭中60岁以上老年人数和家庭老龄人口占比对家庭创业意愿的影响。结果表明，家庭老年人数越多，对家庭创业意愿表现出显著抑制作用：家庭老龄人口占比每增加1%，其家庭创业意愿强度会相应降低30.8%；社会保障中基本医疗保险对老龄化创业意愿的调节作用比商业医疗保险更显著。

第九章为人口老龄化对商业银行的影响及对策。21世纪以来，我国人口老龄化程度日趋加深，由于老年人口比重增加所引发的问题不断显现，对社会经济发展、产业结构等产生了一定的影响，而银行的发展是社会经济发展的关键，人口老龄化问题对商业银行的发展产生了重要的影响。本章从存款业务、贷款业务和中间业务三个方面分析了老龄化对商业银行经营的影响，最后站在商业银行的角度，针对人口老龄化给商业银行所带来的问题提出解决的建议。

第十章为人口老龄化对我国金融发展的影响。本章通过利用2007—2016年我国30个省、自治区、直辖市的面板数据建立固定效应模型分析了人口老龄化对我国整体金融发展的影响。研究发现，人口老龄化的两个替代变量（老龄率和老年抚养比）对整体金融发展有一定的促进作用。但各地区的这种影响存在异质性，东部地区的老龄率对金融发展有促进作用，但老年抚养比对金融发展却有抑制作用；中部地区的老龄化对金融发展的影响并不显著；西部地区的老龄化对金融发展有促进作用。

本书由赣南师范大学老龄社会研究中心黄小兵教授主持撰写，具体分工：第一章、第二章和第九章由黄小兵撰写；第三章由赣南师范大学经济管理学院的陈路平撰写；第四章由赣南师范大学经济管理学院的谢倩倩撰写；第五章和第十章由赣南师范大学经济管理学院的孟新新撰写；第六章由赣南师范大学经济管理学院的陈润东撰写；第七章、第八章由赣南师范大学经济管理学院的陈蒙撰写，最后由黄小兵教授统领总纂书稿。

本书逻辑框架清晰，研究方法规范，研究内容全面，具有一定的启迪性。但由于笔者理论基础、实践经验和研究水平等方面有一定局限，本书难免存在不足之处，有的分析恐不够深入，望业界前辈、同人及读者批评指正。

黄小兵

2021年2月于赣南师范大学明湖

目　录

第一章 老龄金融产业发展概述

随着经济社会的发展，人口老龄化悄然来临。我国人均预期寿命从中华人民共和国成立初期的35岁增加到目前的77岁，这意味着广大国民的老年期不断延长。从微观个体来看，随着预期寿命的延长，在社会化养老模式下，需要拥有足够的养老资金才能保证老年期获得满足生活需要的物质和服务。我国虽然建立起了覆盖全民的养老保障体系，但由于起步晚，历史欠账多，加上老龄化趋势日益加剧，目前保障水平仍然较低，且在短时间内难以快速提高，尤其是对于广大农村老年人来说，其保障力度更低。从发达国家的经验来看，发展私人养老金，促进老龄金融产业的快速发展，是提高养老保障水平的有效办法。随着我国经济的发展以及中等收入群体的不断扩大，老龄金融产业的发展也有了基础。发展老龄金融产业可以为资本市场提供长期资金，有利于宏观经济发展和减轻财政压力。因此，大力发展老龄金融，关系到亿万百姓的福祉，也关系到我国经济和社会的发展。

一、老龄金融及其产业分类

（一）老龄金融的内涵

老龄金融指围绕着社会成员对老年期各种财富和服务的需求所开展的金融服务。老龄金融产业指从事老龄金融服务的企业和部门的集合，是老龄产业的一部分。

1. 发展老龄金融的目的是满足国民老年期的各种需求

国民老年期的需求既包括对各种金融服务的需求，如老年人退休金的保值增值、年轻人个人养老金的储备，也包括对各种物质服务的需求，如对老龄用品和老龄服务的需求。满足国民老年期的需求既有市场提供的服务，如金融机构提供的商业养老保险、养老目标基金、住房反向抵押贷款等，也有政府提供的服务，如基本养老保险。老龄金融既有为国民老年期提供的直接服务，如为年轻人和老年人提供的各种金融服务；也有为国民老年期提供的间接服务，如支持老龄产业的发展等。总之，老龄金融的目标就是满足国民对老年期的各种需求。

2. 老龄金融不是老年金融

老龄金融和老年金融的研究对象不同。老龄金融是从全生命周期的角度来分析广大居民对金融服务的需求，因此研究对象包括广大年轻人和老年人，主体是广大年轻人。老年金融的研究对象是广大老年人。老龄金融和老年金融的研究内容不同。老龄金融主要研究广大年轻人如何为自己的老年期做好金融准备。老年金融主要研究老年人如何实现自己金融资产的保值增值。无论从研究对象还是研究内容上来看，老龄金融研究的范围都远远大于老年金融。老龄金融和老年金融的研究意义也不相同。研究老龄金融主要是为了让广大居民适应老龄社会的到来以及金融体系的转变，而研究老年金融主要是确保老年人个体资产的保值增值。

3. 老龄金融包括老龄金融产业和老龄金融事业

老龄金融中的产业部分指的是金融机构通过市场化的形式满足广大居民金融服务的需要，这也是本书的主要研究内容。基本养老保险属于老龄金融中的事业部分，是通过国家制度安排来为居民老年期提供金融服务。从目前老龄金融的发展现状来看，老龄金融中的事业部分发展比较快，产业部分发展比较慢。这种发展现状是和当前老龄产业和老龄事业发展程度相一致的。从长远来看，老龄金融产业的规模会越来越大。

（二）老龄金融的特征

1. 老龄金融是适应老龄社会的新金融

老龄社会是长寿社会，长寿社会意味着国民退休期在不断延长。按照生命周期理论，每个人都应该尽量使自己一生的消费保持在稳定的水平，年轻时就应该考虑到老年期的消费。在一般情况下，由于年轻时收入比较高，老年时收入比较低，因此需要在年轻时为老年期做好准备。随着预期寿命的延长，老龄金融的作用日益凸显，它是个体适应老龄社会的举措，也是老龄社会到来后金融体系的一种调整，是老龄社会下的新金融（党俊武，2013）。

2. 老龄金融将“短钱”变成“长钱”

老龄社会和长寿时代的到来推动人们为自己老年期做好金融安排。为了满足广大居民老年期的生活需要，金融机构逐步推出适合年轻人的老龄金融产品。人们在未进入老年期时不会动用这些资金，这样就在金融体系中形成了长期资本。发达国家进入老龄社会的时间比较早，其老龄金融发展也比较早，目前老龄金融规模比较大，金融体系中的长期资本比较多，这有利于金融体系的稳定和实体经济的发展。

3. 老龄金融注重财富管理

老龄社会到来之前，大部分人积累的金融财富都比较少，基本是通过银行储蓄来保证财富的安全。随着老龄社会的到来以及经济发展水平的不断提高，部分人在退休之前就积累了大量的财富，通过简单的银行储蓄很难确保财富的保值增值。只有通过资本市场，加强财富管理，才能保证自己积累的财富不会贬值。因此，老龄金融的重要特点就是通过市场手段，加强财富管理，确保财富不贬值（袁志刚和余静文，2014）。老龄金融的产生可以促进资本市场的发展，有利于人们开展财富管理，资本市场的发展也可以不断满足人们进行财富管理的需求，老龄金融和财富管理形成了一个良性循环。

4. 老龄金融产品体量较大

我国老龄金融还处于发展初期，老龄金融的体量还比较小。像美国这样的发达国家，老龄金融的体量是非常大的。根据美国人口普查局公布的数据，2021 年美国人口总数为 3.28 亿，但截至 2017 年年底，美国人拥有 28.17 万亿美元的私人养老金储备，占其 GDP 的 141.1%。丹麦、荷兰、加拿大、瑞士、澳大利亚、英国这些发达国家的私人养老金储备也非常充裕，占其 GDP 的比重都在 100% 以上，2017 年丹麦的私人养老金占其 GDP 的比重达到 200% 以上（董登新，2019）。从长远来看，随着我国经济的持续快速发展、人口老龄化程度的不断加剧，以及广大居民老龄金融素质的不断提高，老龄金融的规模也会扩大。

（三）老龄金融产业分类

从目前已有的文献来看，有学者从产品形态方面对老龄金融产业进行了分类，认为老龄金融产品主要包括储蓄类老龄金融产品（主要由传统银行管理）、证券类老龄金融产品、保险类老龄金融产品、基金类老龄金融产品、信托类老龄金融产品、房地产类老龄金融产品、组合型老龄金融产品、市场化运作的社会保障基金等（党俊武，2013）。有学者认为，养老金融包括养老金金融、养老服务金融和养老产业金融（董克用、姚余栋和孙博，2019）。目前学术界还缺乏对老龄金融产业的系统分类。考虑到老龄金融产业是依靠目前已有的金融机构发展起来的金融模式，因此，对老龄金融产业的分类我们可以按照目前已有的金融组织类型划分为以下几类。

银行类老龄金融产业，即以银行为市场主体发展起来的老龄金融产业。银行作为传统的金融机构，具有庞大的客户群体，在发展老龄金融产业方面具有非常大的优势。

保险类老龄金融产业，即以保险公司、养老金管理公司等为市场主体发展起来的老龄金融产业。保险公司是较早发展老龄金融产品，也是目前提供老龄金融产品种类较多的市场主体。

证券类老龄金融产业，即以基金公司等为市场主体发展起来的老龄金融产业。从发达国家来看，基金公司开发老龄金融产品的规模越来越大。

信托类老龄金融产业，即以信托公司为市场主体发展起来的老龄金融产业。信托类老龄金融产品目前在国内刚刚起步。

其他老龄金融产业。除银行类、保险类、证券类以及信托类以外的其他老龄金融产业。

二、老龄金融产业发展现状

随着人口老龄化的加剧，老龄金融逐渐成为各类金融机构的发展方向。整体来看，各类金融机构对于老龄金融的认识还处于起步阶段，对于老龄金融的产品开发也处于尝试阶段，老龄金融尚未形成相应的业态。从产品的时间长度来看，严格意义上的老龄金融产品还很少，大部分老龄金融产品和普通的金融产品没有太大区别。

（一）发展老龄金融产业的支持政策不断出台

从政策层面来看，国家近年来出台了一系列发展老龄金融的政策，但这些政策并不是针对老龄金融制定的，而是将老龄金融作为老龄服务的一部分制定的政策。2013 年，国务院下发了《国务院关于加快发展养老服务业的若干意见》，养老服务业的发展受到了前所未有的重视。该文件首次提出，老年金融服务作为养老服务业的一部分，需要大力发展。具体到内容，就是要引导和规范商业银行、保险公司、证券公司等金融机构开发适合老年人的理财、信贷、保险等产品。同时对金融机构参与养老服务业也提出了要求，金融机构要加快金融产品和服务方式创新，拓宽信贷抵押担保物范围，积极支持养老服务业的信贷需求。该文件作为一份原则性的文件，注意到了金融在满足广大老年人以及支持养老服务业发展方面的重要性，为发展老龄金融的文件相继出台奠定了基础。

2016 年，中国人民银行、民政部、原银监会、证监会、原保监会五部门联合印发了《关于金融支持养老服务业加快发展的指导意见》（以下简称《意见》）。《意见》提出，到2025年，基本建成与我国人口老龄化进程相适应，符合小康社会要求的金融服务体系，金融支持养老服务业和满足居民养老服务需求的能力和水平明显提升。一方面，为了应对老龄社会的到来，金融体系要做出相应的调整，需要逐步建成与人口老龄化进程相适应的金融体系；另一方面，提升金融服务的水平，既要满足养老服务业的需求，又要满足居民养老服务的需求。关于如何满足居民养老服务的需求，《意见》鼓励银行、证券、信托、基金、保险等各类金融机构针对不同年龄群体的养老保障需求，积极开发可提供长期稳定收益、符合养老跨生命周期需求的差异化金融产品。文件第一次提出要针对不同年龄群体的养老保障需求，开发符合养老跨生命周期需求的差异化金融产品，既要开发年轻群体的金融产品，也要开发老龄群体的金融产品。相比2013年只提发展老年金融服务，这个《意见》扩大了老龄金融的服务范围。可以说，这是迄今为止关于老龄金融政策文件中较为全面、规范、综合的文件。

2017年，国务院办公厅发布了《国务院办公厅关于加快发展商业养老保险的若干意见》，2018年，中国证券监督管理委员会发布《养老目标证券投资基金指引（试行）》。2019年，国务院办公厅发布了《国务院办公厅关于推进养老服务发展的意见》，文件提出发展养老普惠金融，支持商业保险机构开展老年人住房反向抵押养老保险业务，商业养老保险机构发展养老保障管理业务，银行、信托等金融机构开发养老型理财产品、信托产品等，基金公司开发养老目标基金，等等。整体来看，国家支持老龄金融的政策逐步增多，人们对老龄金融的认识也在不断深化，老龄金融概念的外延也在不断扩大。这些政策的出台，将为推动老龄金融的发展提供有力保障。

（二）老龄金融产品种类逐渐丰富

为满足广大居民多层次、多样化的需求，银行类、保险类、基金类以及信托类等金融机构纷纷试水，陆续开发了多种老龄金融产品。银行类金融机构开发的老龄金融产品主要包括养老理财产品和住房反向抵押贷款。养老理财产品旨在鼓励客户长期持有，以追求资产长期稳健增值为目的。据不完全统计，目前有交通银行、徽商银行、上海农村商业银行、上海浦东发展银行、上海银行、兴业银行、招商银行、中国工商银行、中国建设银行、中国邮政储蓄银行等十余家银行发行过养老理财产品。这些理财产品的投资期限绝大部分都不太长，只有个别理财产品的投资期限比较长，如平安银行开发的平安财富—养老系列产品的期限为20年，光大银行开发的颐享阳光系列产品的期限为15年（张栋和孙博，2019），这在一定程度上体现了老龄金融产品的属性。这些养老理财产品的投资门槛和普通理财产品相比差异并不大，一般限定为5万元或10万元。住房反向抵押贷款是银行机构开发的另一类老龄金融产品，其目的是盘活老年人拥有的住房，为老年人养老提供经济保障。截至目前，中信银行和兴业银行开发过相应的产品。此外，一些长期的养老储蓄产品也属于银行类老龄金融产品。

保险类金融机构开发的老龄金融产品主要包括商业养老保险、住房反向抵押养老保险和养老保障管理产品。商业养老保险作为多层次养老保障制度的补充，近年来发展并不快，为此，2017年国务院办公厅发布了《国务院办公厅关于加快发展商业养老保险的若干意见》，进一步推动商业养老保险的发展。2018年，财政部等五部门联合发布了《关于开展个人税收递延型商业养老保险试点的通知》（财税〔2018〕22号），通过税收优惠的方式加大商业养老保险的发展力度。住房反向抵押养老保险与银行提供的住房反向抵押贷款类似，旨在利用老年人的房产为其提供经济保障。2014年，原保监会下发通知，开始试点住房反向抵押养老保险，2016年，进一步延长试点期限和扩大试点范围。试点期间，幸福人寿推出了“幸福房来宝”产品，成为市面上第一款住房反向抵押养老保险产品。养老保障管理产品包括团体和个人养老保障产品，目前市场上开展的个人养老保障业务规模远远大于团体养老保障业务。

基金类金融机构开发的老龄金融产品主要是养老目标基金。根据2018

年3月发布实施的《养老目标证券投资基金指引（试行）》，养老目标基金是指以追求养老资产的长期稳健增值为目的，鼓励投资者长期持有公开募集的证券投资基金。2018年8月，证监会正式批复了华夏、南方、广发等14家基金公司的14只基金成为首批养老目标基金产品。截至2019年4月，市场上共有39只养老目标基金获批。

信托类金融机构开发的老龄金融产品主要包括养老金融信托和养老消费信托。养老金融信托主要指的是信托公司作为受托人对资产进行投资管理以保证资产保值增值，满足受益人的养老需求。国内最早的养老金融信托产品是兴业银行与专业信托公司联合推出的“安愉信托”，要求认购金额最低为600万元，一次性认购，可以灵活指定初始受益人与后备受益人，自认购3年封闭期后的任何一年开始，可选择一次性支付或按季度支付。养老消费信托主要是养老服务的供给，门槛一般比较低。

（三）老龄金融产业规模不断扩大

伴随着老龄金融产品的不断丰富，老龄金融的市场规模也在不断扩大。从银行类老龄金融产品来看，养老理财产品的市场规模逐年扩大。据不完全统计，截至2016年，我国银行系养老理财产品的规模已达到2636亿元。养老理财产品的快速发展与银行在我国金融体系中的地位有关。长期以来，我国大部分居民接触到的金融机构只有银行，因此对银行非常熟悉，也很信任。根据《中国养老金融调查报告（2017）》，银行是广大居民获取养老投资或理财产品信息的最主要渠道，而且银行存款或银行理财是我国大部分人进行养老投资和理财的首选。

从保险类老龄金融产品来看，我国商业养老保险近年来有了一定的发展。从保险密度来看，2018年，我国保费收入为38061.62亿元，其中寿险公司保费收入为20722.86亿元，按照养老保险占寿险20%的比例测算，2017年，我国养老保险的收入大约为4144.57亿元，商业养老保险的密度为297.02元/人，从保险深度来看，我国商业养老保险的深度为0.46%。

整体来看，商业养老保险虽然在发展，但相对于发达国家来说，无论是密度还是深度都远低于发达国家，说明我国居民在商业养老保险方面的投入水平还很低。养老保障管理产品作为保险机构开发的另一类金融产品，发展时间不长，团体养老保障产品从 2009 年开始发展，个人养老保障产品从 2013 年开始发展，但其发展速度较快。近几年来，养老保障管理业务规模迅速增长，2016 年同比增长 70%，2017 年同比增长 284%。截至 2018 年年末，养老保障管理业务规模已经超过 6000 亿元，其中个人养老保障业务约占养老保障业务总规模的 95%。基金类老龄金融产品整体来说市场规模不大。自 2018 年 9 月 13 日第一只养老目标基金诞生以来，同类基金数量逐渐增多，而且都已进入正常运营阶段。截至 2019 年 4 月，全市场已成立的养老目标基金共有 39 只，合计规模超过 120 亿元（中国财富网，2019），其中包括目标日期产品 23 只，合计规模 41.3 亿元，目标风险产品 16 只，合计规模 82.5 亿元。目标日期产品虽然数量多于目标风险产品，但规模相差一倍，因为目标风险产品中“大块头”基金较多。

（四）老龄金融业监管逐步加强

防范金融风险，加强金融监管，防止金融市场发生结构性风险，是未来几年金融行业监管的主基调。对此，国务院于 2017 年成立了金融稳定发展委员会，加强金融监管，促进金融发展。老龄金融作为金融业的一部分，监管力度不断加强。分行业来看，在银行类老龄金融产品的萌芽阶段，原银监会根据我国金融相关法律法规起草了《商业银行个人理财业务管理暂行办法》（中国银行业监督管理委员会令 2005 年第 2 号）和《商业银行个人理财业务风险管理指引》（银监发〔2005〕63 号），为银行理财产品订立了一个基本的业务指引。随着 2008—2014 年银行理财业务的快速扩张，理财业务中银行的“隐性担保”和“刚性兑付”问题凸显。2014 年，原银监会下发了《商业银行理财业务监督管理办法（征求意见稿）》，2018 年 4 月中国人民银行、中国银行保险监督管理委员会、中国证券监督管理委员会、国家外汇管理局印发了《关于规范金融机构资产管理业务的指导意见》（银发〔2018〕106号），这是目前对资管行业影响最为深远的管理办法。2018年9月，作为对106号文件的配套，银保监会发布了《商业银行理财业务监督管理办法》，进一步对银行理财业务加强了监管。从保险类老龄金融产品来看，近年来在不断强化管理。2015年原保监会出台了《关于印发〈养老保障管理业务管理办法〉的通知》（保监发〔2015〕73号）；2016年又相继出台了《关于强化〈养老保障管理业务管理办法〉执行有关问题的通知》（保监寿险〔2016〕99号）和《关于进一步加强养老保障管理业务监管有关问题的通知》；2017年还就加强养老保障管理业务风险管理的相关事项召开了多次专题会议，持续推动整个养老保障管理市场的健康可持续发展。从基金类老龄金融产品来看，2017年5月，证监会发布了《养老型公开募集证券投资基金指引（试行）》（以下简称《指引》）。《指引》要求基金名称中已经包含“养老”字样的公募基金，不符合本指引要求的，基金管理人应当在3个月内履行程序修改基金名称，标志着证监会开始对养老型基金加大监管力度。对老龄产业的融资，在投资方向以及项目管理方面不断加强监管。2017年8月，财政部、民政部、人力资源和社会保障部三部门联合发布了《关于运用政府和社会资本合作模式支持养老服务业发展的实施意见》（财金〔2017〕86号），要求将公办养老机构、社区养老和医养融合等保障型基本养老服务与改善型中端养老服务作为PPP（Public-Private Partnership，政府和社会资本合作）模式的重点应用领域。2018年4月，财政部发布《关于进一步加强政府和社会资本合作（PPP）示范项目规范管理的通知》（财金〔2018〕54号），核查出173个项目存在问题，其中8个涉及养老项目。整体来看，老龄金融业的监管在不断加强。

（五）老龄产业的投融资形式日益多元化

老龄产业的投融资作为老龄金融业的一部分，近年来有了较快的发展。从目前的发展状况来看，其形式多元化，主要包括政策性手段和市场化手段，由于老龄产业还处于发展的初期，盈利能力较弱，政策性手段是主要的推动手段。

政策性手段主要包括以下四种。一是 PPP 模式。PPP 模式是指政府与私人组织之间为了合作建设城市基础设施项目，或是为了提供某种公共物品和服务，以特许权为基础，彼此之间形成一种伙伴式的合作关系，并通过签署合同来明确双方的权利和义务。该模式可以降低民营资本的风险，同时减轻政府的财政负担。利用 PPP 模式推动老龄产业，与老龄产业的本身属性——带有一定的福利性质，投资大，周期长等有关。利用 PPP 模式，政府可以比较快地推动民间资本提供老年人急需的一些服务。截至 2018 年年底，财政部政府和社会资本合作中心项目库中共有养老 PPP 项目 90 个。二是养老产业引导基金。在中央的支持下，目前有 8 个省级行政区成立了养老产业引导基金，分别是湖南省健康养老产业投资基金、甘肃省养老服务产业发展基金、江西省养老服务产业发展基金、山东省烟台市养老产业引导基金、安徽省健康养老服务产业投资基金、湖北省养老服务业发展引导基金、吉林省养老服务产业股权投资基金、内蒙古自治区养老服务产业政府引导基金。从整体情况来看，目前成立的产业引导基金有以下特点：在投资范围上以投资本省级行政区项目为主，少量投向省外行政区；在投资领域，主要投向大健康产业，如医疗、医药、家政、旅游等；在投资模式上，大部分省级行政区的产业引导基金是由政府的城投公司全权负责，湖北省则选择与省内上市公司合作。三是养老产业专项债券。养老产业专项债券一般是由地方城投公司负责筹备发行。自 2015 年国家发改委发布《养老产业专项债券发行指引》后，许多地方政府就开始筹备发行。2016 年就有湖南、浙江、辽宁、贵州、四川等省级行政区发行了养老产业专项债券，如湖南省郴州市百福投资集团有限公司养老产业专项债券、贵州省黔东南州凯宏资产运营有限责任公司养老产业专项债券、湖南省宁乡市城市建设投资集团有限公司养老项目专项债券等。养老产业专项债券推出后，之所以受到投资者的欢迎，主要有两方面的原因：一方面，相对于其他理财产品，其发行规模小，需求大于供给；另一方面，养老产业是目前国家大力支持的产业，同时又有地方政府背书，信用比较好。四是政策性银行的专项贷款。目前，只有国家开发银行推出了针对养老项目的专项贷款，其贷款的依据是民政部和国家开发银行联合下发的《关于开发性金融支持社会养老服务体系建设的实施意见》（民发〔2015〕78 号）（以下简称《意见》）。该《意见》主要将政策性银行的专项贷款集中于社区居家养老服务设施建设项目、居家养老服务网络建设项目、养老机构建设项目、养老服务人才培训基地建设项目等五个方面。

三、老龄金融产业发展中存在的问题

近年来，我国金融机构在推动老龄金融方面有了一定的探索，但从整体上看，老龄金融还没有形成新的金融业态，不能满足广大居民的老龄金融需求。收入水平低、金融产品创新不足以及制度配套措施不完善等，是制约老龄金融发展的主要因素。

（一）广大居民收入有限

老龄金融能够快速发展的前提是广大居民有一定财富积累，在满足当前生活所需的前提下做好未来的打算。改革开放以来，我国经济快速增长，居民平均收入持续增加，在解决了温饱问题后逐步迈向小康社会。但是，由于各种原因，我国收入差距随着经济的发展在不断加大。根据世界银行专家估计，我国 1981 年全国收入差距的基尼系数为 0.31，到 2008 年上升到 0.491，达到三十年来最高峰（李实和朱梦冰，2018）。从 2008 年以后，基尼系数虽有波动，但仍在高位徘徊，2017 年中国全国收入差距的基尼系数为 0.467。一方面是快速的经济增长，另一方面是财富在国民中的分配非常不平衡，大部分居民其实并没有多余财富去推动老龄金融产业的发展。

（二）老龄金融产品供给不足

老龄金融产品是为了满足广大居民老年期的生活所需，因此它是长期投资，绝不是短期投资。从目前已有的老龄金融产品来看，大部分投资期限都很短，银行养老理财产品的投资期限平均只有 163 天，基金行业推出的老龄金融产品多属开放型，保险系列养老理财产品为封闭型，其投资期限以 1 ~2 年为主。可见，从产品功能来看，市场上基本没有真正的老龄金融产品。很多金融产品只是打着“养老”的旗号，本质上和非养老型金融产品并没有差异，只不过以“养老”为名，博得老年人的信任，扩大市场规模。

（三）居民对老龄金融认识滞后

老龄金融的发展离不开广大居民对老龄金融的认识和重视，离不开我国金融体系的健康有序发展。当前，我国虽然已经进入老龄社会，但居民对老龄金融的认识还很滞后，很多人还停留在储蓄养老的阶段。这主要有两方面的原因。一是与我国居民长期的养老观念有关。长期以来，我国都是家庭养老为主，养老储蓄是必要的支撑，社会大众还没有认识到在年轻时就为养老做好金融准备的重要性，购买老龄金融产品的意识也不强烈。家庭有一定的储蓄后，要么购买房子，要么购买高收益的理财产品，而不愿意购买养老理财产品，不会将投资的目光聚焦于长期的收益稳定的老龄金融资产上。二是与我国金融发展阶段有一定关系。我国资本市场起步较晚，发展状况尚不成熟，宣传也不到位，广大国民缺乏老龄金融素养，金融意识滞后，购买老龄金融产品的意识就更为滞后。

（四）老龄金融监管有待加强

《中国养老金融调查报告（2017）》显示，有 30.3% 的调查对象在养老金融理财和其他金融产品消费过程中有上当受骗的经历，且部分调查对象上当受骗的金额还相对较高。造成这一现象的原因，除了消费者本身金融知识匮乏、风险意识不足，金融监管的不足也是很重要的一个因素。目前的理财市场中，很多理财产品在宣传阶段承诺的收益率高得离谱，有的短期理财产品预期年化收益率接近10%，某些P2P产品的年化收益率甚至承诺在25%以上。金融监管的漏洞，给了某些不规范的理财产品可乘之机，扰乱了金融市场的发展。

四、促进老龄金融产业发展的建议

加快老龄金融产业的发展既需要完善产业政策，加大产品开发力度，同时也需要提高广大居民收入水平，加强老龄金融素质教育。

（一）完善老龄金融产业政策

发展老龄金融产业的重要性目前还没有被社会各界广泛认识，因而出台的有关老龄金融产业的政策基本上都作为养老服务业发展政策的一部分出现。养老服务业发展是以老年人为对象，是为提升老年人生活质量服务的。发展老龄金融产业的目的也是提升老年人生活质量。但是，老龄金融产业的发展不能以老年人为主体对象，而应该以年轻人为主体对象。因此，推动老龄金融产业发展，首先应该明确产业政策服务对象的主体是年轻人而不是老年人。只有在此基础上采取各种税收优惠政策，老龄金融产业才能真正发展起来。

（二）提高广大国民的收入水平

老龄金融产业的主要群体是60岁以下的中青年群体，尤其是50～60岁的中年人。这一群体的家庭负担逐步减轻，开始有能力为自己老年期进行金融储备，但前提是有足够的收入。我国虽然经济总量排在世界第二，但人均收入水平相对比较低。据统计，我国约有6亿人的人均月收入只有1000元。如此低的人均收入水平很难产生大量的老龄金融需求。因此，一方面要加快经济发展，提高国民的整体收入水平，另一方面要加快收入分配制度改革，提升劳动要素在收入分配中的占比，降低收入分配的基尼系数，扩大中等收入群体规模。

（三）增强广大国民的老龄金融素质

我国的养老保险制度起步较晚，虽然已经实现了全覆盖，但是面向城镇职工的养老保险账户历史欠账太多，加上过快的人口老龄化，财政补贴越来越多，可持续性风险较高。城乡居民养老保险制度的保障水平本身就低，对广大居民的保障能力有限，短时间内很难大幅度提升。因此，提高广大老年人的生活质量水平，单靠国家制度性的基本养老保险非常困难。只有加快发展老龄金融产业，提高国民的个人财富管理能力，做好个人养老资金储备，才能保障其老年期的生活质量。这需要加大宣传力度，增强国民的老龄金融素质。

（四）加快开发老龄金融产品

我国进入老龄社会的时间不长，老龄社会的国情教育还不够深入，很多金融机构还没有意识到发展老龄金融的重要性。目前提供的老龄金融产品大部分和传统金融产品没有太大差别，期限很短，并不是真正意义上的老龄金融产品。因此，金融机构要充分认识到老龄金融的重要性，加快开发老龄金融产品，满足广大居民多层次、多元化的需求。

（五）加强老龄金融产业监管

由于信息不对称，很多诈骗分子利用各种方式骗取广大居民尤其是老年人的钱财。例如，以房养老本来是适应老龄社会的一种新的养老方式，有的不法分子利用这一方式欺骗老年人，导致其房钱两空，在社会上造成恶劣影响，也影响了老龄金融的发展。因此，在鼓励老龄金融发展的同时，必须加强监管，保证老龄金融的健康发展。

（六）加强老龄金融产业监测

老龄金融产业是一种新业态，需要对老龄金融产业的发展进行监测，通过监测知道哪些领域发展缓慢，哪些领域发展较快，找到短板，着力解决好产业发展过程的制约因素。当前，我国老龄金融产业的监测还缺乏有效的指标体系，只有加快构建合理的指标体系，才能保证对老龄金融产业的监测顺利进行，从而有效推动老龄金融产业的快速发展。

第二章　数字经济发展中的人口老龄化：如何跨越数字鸿沟

数字经济为老龄人口带来“数字赋能银发经济、老年生活质量提高及数字化创造新型就业岗位”三大新机遇，但数字鸿沟对老龄人口也造成了三大冲击，包括新技术取代老龄就业岗位、数字产品适老化不足及年龄不平等问题凸显。数字鸿沟不仅限制了老龄人口的数字经济参与能力，也不利于社会整体的共有共享发展。政府、社会、家庭三方协同发力，能够助力老龄群体跨越数字鸿沟，充分融入数字经济，实现数字经济福祉的全民共享。

一、引言

数字经济兴起于20世纪90年代，是随着互联网技术的不断发展及在全球范围内的广泛传播而形成的新经济范式，因其快捷性、高渗透性、边际效益递增性和外部经济性等特点而受到各国的广泛推崇。数字经济为中国带来了巨大的经济技术红利，也为解决社会发展中的结构性问题提供了前所未有的机遇，其中最值得关注的便是人口老龄化问题。当前中国老龄人口数量与日俱增，正加速步入老龄社会。然而，数字经济发展的受益群体多为中青年一代，老龄人口由于数字消费理念相对滞后和受数字教育不充分等因素而被数字经济边缘化，其多样化的消费需求得不到满足，既不利于扩大国民消费潜力和提升社会治理能效，也不利于实现经济发展成果的共有共享。因此，如何在数字经济蓬勃发展的背景下帮助老龄群体跨越“数字鸿沟”，成为当前值得关注的重要问题。

有学者指出，当前中国老龄人口的数字鸿沟呈现出东部地区向中西部地区、城镇地区向乡村地区扩大的趋势，这种扩大趋势加重了地区间收入水平的差距，贫富分化进一步加剧。虽然有研究发现，金融领域的互联网化使得老年人金融资产持有比例增加，但也有学者发现，数字鸿沟将减少老年人对商业银行产品、保险证券产品、互联网产品的使用率，进而阻碍数字普惠金融的发展。由于接入数字化社会所需的基础能力薄弱，老年人难以凭借自己的力量跨越数字鸿沟，因此加强老龄人口的数字化教育尤为重要。Castilla 和 Nishijima 等人指出，老年人通常较少接触或使用互联网，加之大部分老年人缺乏使用智能设备所需的基本数字素养，因此他们较其他信息弱势群体及普通大众受数字鸿沟的影响更为显著。为此，Friemel、Tirado-Morueta、Padilla-Góngora 和 Jun 等人认为，教育对于老龄群体跨越数字鸿沟具有重要作用，而一个有家人支持、同侪协助的良好学习环境更有利于提高老龄群体融入数字经济的积极性，从而间接提高老年人的学习能力。

通过归纳国内外相关文献发现，目前研究中国数字经济发展与人口老龄化加速带来的“数字鸿沟”问题的文献仍不足。基于此，本章在数字经济蓬勃发展与人口老龄化问题加剧的双重时代背景下，探索数字经济发展为老龄人口带来的新机遇及数字鸿沟对老龄人口造成的冲击，并尝试给出有效的政策建议。本章余下部分的安排如下：第二部分探索数字经济为老龄人口带来的新机遇，第三部分研究数字鸿沟给老龄人口带来的冲击，第四部分从政府、社会和家庭三个维度提出一些政策建议。

二、数字经济为老龄人口带来新机遇

数字经济的蓬勃发展为不断增长的老龄人口带来了巨大的经济技术红利，数字驱动的银发经济满足了老龄人口的多样需求，生活方式的数字化、网络化和智能化发展提高了老龄人口的生活质量，新型数字岗位使老龄社会和个人价值充分发挥。

（一）数字赋能银发经济，多样需求得到满足

老龄化社会中老年人比例不断增加，相应地，老龄群体消费需求总量也会持续攀升，以老龄群体为核心的银发经济将迎来快速发展机遇。其中，数字经济扮演着赋能传统银发产业转型升级的角色，其驱动作用在部分重点行业中表现最为明显。一是老年医疗保健业。数字技术的发展催生了数字医疗，远程医疗服务、智能化医疗技术设备等通过互联网将老龄人口的健康信息进行云存储，从而根据老年人不同的身体特征制订精准化就诊方案与推荐差异化保健产品。同时，数字技术将传统的线下就医改为线上与线下相结合的模式，不仅节约了双方的时间，而且有利于医生实时跟进老年人健康状态，提高就诊成功率。二是养老服务业。数字技术创新了养老服务形式，实现了需求与供给的互联互通，产生了"互联网 + 养老"的智慧养老模式。相较于年轻人，部分老龄群体可能由于行动不便或缺少子女照顾而易产生孤独心理，进而使得身心健康受到影响。而在数字化时代，信息更新速度加快，数字技术监控和情感关怀能够全天候实现。三是养老金融业。养老金融的数字化通过大数据、云计算等技术整合老年用户特殊需求，构建养老金融服务平台，提供医疗保险等差异化金融产品，在深化自身内部养老服务体系改革的同时引导老年人养老金投资多元化，帮老年人实现足不出户就能完成投资理财活动。四是老年旅游业。数字技术能够整合老龄人口旅游大数据，帮助健全公共服务体系；同时针对老龄人口"高频长线、错峰出行"的旅游特点，以数字化赋能旅游供给侧结构性改革，引导企业通过互联网平台推出"中老年旅游专列"和"爸妈放心游"等特色旅游项目，实现了就餐、住宿与旅行的一体化，真正满足了老龄群体多样化的旅游需求。

（二）老龄生活"三化"发展，生活质量显著提高

数字经济带给老龄人口最直观的影响就是其生活朝着数字化、网络

化、智能化的方向发展。“三化”协调发力，大幅提高了老龄群体生活质量。一是数字化方面。企业通过数字技术进行信息的收集、整理与存储，从而为老龄群体提供了多样化的用户体验。如滴滴打车、外卖点餐、线上聊天、移动支付等数字化新事物，使老龄群体的消费拓展至线上，在满足其多样化需求的同时解决了其行动不便的困扰。二是网络化方面。互联网技术通过对所有的信息技术资源进行优化配置，提高了老年人的社会资源利用广度和深度。通过网络，老龄群体更加了解社会发展现状与趋势，避免了脱节感的产生，同时拉近了其与他人及其子女之间的距离，有利于老年人的身心健康。此外老年人通过参与“宅经济”享受数字经济发展成果，在满足自身需求的同时也拉动了经济发展，从而形成了良性循环。三是智能化方面。一方面，人工智能提高了资本回报率，使得老龄群体也可以通过投资活动获得收益，提高生活水平。另一方面，人工智能也显著改善了老龄群体的日常生活。最典型的例子就是智能机器人、智能家居等各种智能化产品的推出。智能空调为老年人提供了舒适宜居的室内环境；智能洗衣机、扫地机器人等为老年人减轻了繁重的家务劳动；智能情感关怀类产品通过温馨提示、情感对话以及健康监测促进了老年人的身心健康发展。

（三）数字化创造新型就业岗位，老年价值充分发挥

数字经济带来了新技术、新产业、新业态、新模式，既新增了许多就业岗位，也使灵活就业成为可能。在新的就业模式下，劳动者的薪酬待遇进一步提高，工作方式更加灵活，使得更多有就业欲望的老年人能继续发挥余热实现社会价值。一是数字经济通过新增就业岗位满足老年人的就业需求。当下快速兴起的电子商务、线上教学、线上直播等服务业相较于原有的高技能岗位对就业者的工作经验及学历要求较为宽松，且就业群体不限于年轻人，因而老龄群体只需掌握基本的网络操作技能也能胜任。例如，受教育水平较低的农村老龄群体可通过互联网数字乡村旅游实现就业，在提供民宿餐饮服务、保洁服务与社区服务的同时实现社会价值。二

是数字经济使老龄人口灵活就业成为可能。数字技术与实体经济结合促进了许多平台经济、共享经济，网络销售、直播带货等电子商务新岗位的不断涌现，远程办公等新型工作方式使传统工作形式突破了时空限制，老龄人口就业趋势朝着固定就业向弹性就业、雇用就业向灵活就业的方向转变。此外，通过数字技术赋能，老龄人口工作年限的延长也一定程度上减轻了社会的养老负担。

三、数字鸿沟给老龄人口带来的冲击

数字经济为老龄人口带来了新机遇，但由此产生的数字鸿沟亦对老龄人口造成了巨大的冲击。生产的大幅自动化、智能化加大了老龄人口的就业难度，适老化产品供应不足限制了老龄人口多样化需求，老龄人口社会不平等问题的凸显减弱了老龄人口的数字经济与政治参与能力。

（一）生产过程自动化和智能化，老龄人口就业难度上升

数字经济带动了生产的大幅自动化和智能化，许多传统岗位被机器人和计算机所替代，由此带来了老龄人口的技术性失业和结构性失业。随着人口老龄化的加剧，人口红利逐渐消失，企业用工成本增加，促使企业不断改变人力资本结构，更多地使用资本与技术代替劳动力。例如，在一些比较发达的农村地区，由于老龄人口占劳动力的大部分，自动化和智能化作业势必会剥夺部分装载、搬运、农场种植等体力型就业岗位，老龄人口或将面临“无工可打”的风险。我国多数老龄人口的就业集中于第一产业与第二产业，而自动化生产代替的就业岗位也主要集中于这两大产业，这种供需矛盾使老龄人口面临失业风险，同时由于这两大产业释放的老龄劳动力多属低技能劳动力，缺乏进入新行业所需的必要技能，因此即使在要素市场自由流动及信息充分的条件下，也很难快速重新就业。此外，数字技术促进了产业结构的优化调整，给传统的产业与就业带来了较大的冲击。例如，原来可由老龄群体经营的线下实体门店正受到电子商务和现代

物流快速发展的冲击，老年零售人员面临失业风险。无论是技术性失业还是结构性失业，都会造成社会充分就业难以实现，有劳动意愿的老年人继续发挥余热奉献社会的愿望难以实现。

（二）产品适老化不足，老龄人口需求难以满足

数字经济与人口老龄化下，数字技术产品大量涌现，但符合老龄群体特殊需求的产品却相对不足，出现适老化产品不足的原因主要来自老龄群体自身和社会对适老化产品的提供不足两个方面。

一是老龄群体自身。首先，部分老龄群体受教育水平偏低、对新鲜事物的态度相对保守，缺乏使用新技术的基本数字素养，因此对数字技术产品需求较小。其次，老龄群体对新技术产品存在认知偏差，更加注重个人隐私及信息安全，容易对数字技术产品产生抵触心理。最后，老龄群体缺乏学习新技术的动力，认为新技术产品与自己无关，思想观念转变不足，导致其消费潜力难以激发。

二是社会对适老化产品的提供不足。一方面，社会未能充分意识到老龄人口的弱势地位，推出的一些数字化技术产品并未考虑到老龄人口的特殊需求，产品区分度不明显，从而抑制了老龄人口的消费需求。例如，在智能产品的使用上，有些产品操作复杂，甚至出现难以理解的术语与符号，导致老龄群体望而生畏。此外，当下多数产品都是联网进行或智能化运作，而有一部分老人对互联网的接触率较低，因此出现了网上预约看病难、网络购票出游难、自助银行不敢用、现金购物找零难等尴尬局面。另一方面，有些新型服务甚至直接将老龄人口边缘化，如导航服务、大众点评服务、线上翻译服务等，其参与主体大部分为年轻人，老龄人口甚至未意识到这些服务的存在。

（三）年龄不平等问题凸显，老龄人口数字参与能力受限

年龄不平等问题主要体现在老龄群体与年轻群体数字接入与使用上的

差异，从而限制了老龄群体的数字参与能力和数字消费能力。

相较于年轻人，老龄群体数字素养较低、学习能力较差，因而在互联网的接入与使用上存在着巨大的数字鸿沟，社会不平等现象进一步凸显。主要表现为以下两方面：一是老龄群体经济机会的不平等。数字化时代，大数据将社会各类信息资源整合优化从而实现信息共享，人们可通过互联网挖掘诸如金融投资信息、就业岗位、商业机构提供的促销优惠与政策福利等各种信息，企业亦可基于消费者的行为选择数据来提供更契合其需求的多样化产品，但由于老年人在数字接入与使用上的弱势地位，商业机构较难拥有其行为选择数据，因此数字普惠技术带来的各种经济机会常常隐性地将众多老年人排除在外，降低了老龄人口的数字参与能力与数字消费能力。二是老年公民政治参与的不平等。当下，随着互联网技术的发展，我国公民越来越多地通过网络进行政治参与，如网络参政议政、网络民主监督，但由于老龄人口大多属于“数字贫民”，其网络政治参与能力较差，网络政治诉求较难充分表达，一定程度上限制了老龄群体行使政治权利、谋取合法政治利益，从而在某种意义上不利于政治稳定与和谐社会建设。

四、消除老龄人口数字鸿沟的对策

共享发展理念已提出多年，但数字鸿沟对老龄人口的限制不利于全民共享数字经济发展，不利于实现社会整体福利的最大化。因此，政府、社会、家庭三方应协同发力，加大数字保障力度、推出适老化产品、积极实施数字反哺，鼓励老年人主动参与数字经济，扩大数字化产品消费，进而实现数字经济福祉的全社会普及。

（一）加大社会保障力度，鼓励老年人数字消费

消除老龄群体数字鸿沟，政府应发挥关键核心作用。具体而言，政府可从加强基础设施建设、完善社会保障制度、优化社会学习环境三方面入手。

一是在加强基础设施建设方面，应积极扩大老年教育资源供给，创新老年教育发展路径，加强老年教育支持服务体系。首先，应积极整合老年现有教育资源，鼓励社区开展老龄群体喜闻乐见的教育活动，让老年人在学习过程中体会到数字经济的益处与乐趣。同时，开发新的老年教育资源，鼓励各级学校积极开展老年教育，为老年人学习提供多方支持。其次，应丰富老年教育形式及内容，探索老年教育新模式。可将传统的线下教学延伸至线上，或者采用线上与线下结合的方式对老年人开展数字化教育。同时，老年教育的数字化内容可拓展至思想道德、养生保健、身心健康、体育运动等方面，让老年人在数字化的学习中亦能提高生活品质。最后，应加强老年教育支持服务体系建设，倡导老年教育与相关产业联动，鼓励和支持社会力量通过市场化的方式发展老年数字教育事业，加大支持老年数字教育产品研发的力度。

二是在完善社会保障制度方面，政府应积极统筹城乡老年社会保障制度，完善老年社会救助体系，促进城乡老龄群体一体化发展。一方面，应规范城乡养老金保险制度、城乡基本医疗保险制度，确保城乡老年居民享受平等待遇，实现城乡融合发展。另一方面，应完善老年城乡最低生活保障制度，加快促进社会养老事业建设，实现社会保障全覆盖。

三是在优化老年数字化学习环境方面，政府应加强网络安全监管，严厉打击网络诈骗以及侵犯他人信息安全的不法行为，出台相应的制度保障老龄群体安全参与数字经济，各群体共享数字经济福祉，激发老年人的数字消费欲望。

（二）推出适老化产品，满足老年人特殊需求

社会应充分关注老龄群体特殊需求，推出适老化产品，同时完善老年人特殊售后服务。

一是加强功能性老年服饰设计。老年人对服饰的需求更倾向于舒适、透气、蓄热与保暖等方面，因此生产者应充分了解老年人的实际需求，采

用适宜性材料进行适老化设计。二是加强智能型日用辅助产品的开发。随着老年人身体各项机能的下降，生活起居、交流出行、休闲娱乐等都受到影响，对此，生产者应积极开发智能化产品，从智能洗衣机到智能化空调，从智能化助行机器人到智能情感陪护机器人等一体化智能家居用品，这些都是未来生产者应积极开发的内容。三是加强康复性产品研发。针对老龄群体存在的功能性障碍辅助需求，生产者应加快研发健康及康复型数字产品，如外骨骼康复机器人、老年能力评估与日常活动训练辅助设备、健康监测及预警设备等康复性产品。四是应加强适老化环境改善产品的推广。社区是老年人活动的主要场所，社区服务质量对老年人身心发展至关重要。对一些社区设施，应加强防滑、易抓握等安全改造，同时在楼层出入口安装老年安全防护产品。

在加强适老化产品设计开发的同时，也应加强适老化产品的特殊售后服务，提高产品质量，推出产品特色使用说明，将老龄群体看说明与服务者如何教授老龄群体使用产品相结合，使老年人群敢用、会用数字化产品，充分满足老龄群体多样化需求，激发其潜在消费潜力，实现老年产业与老龄群体双赢发展局面。

（三）实施家庭数字反哺，带动老年人参与数字经济

让年轻一代向年老一代传授数字经验，激发老龄群体学习兴趣，带动老龄群体主动参与数字经济，是老龄群体跨越数字鸿沟的重要助力。

数字反哺主要受家庭成员的互动程度、亲密关系及代际支持的影响，家庭年轻一代与年老一代的互动越强、关系越亲密，老年人得到的支持越多，家庭数字反哺的成效越好。因此年轻家庭成员应从以下几个方面入手：一是对长辈进行数字“扫盲”，向其宣传网络的内涵与益处，改变其以往的错误认知。二是向长辈普及一般的上网操作技能。如网络聊天、视频通话、移动支付等基本的操作流程。三是向长辈传播网络安全知识。虽然近年政府正在加强网络安全监管力度，加大网络犯罪打击力度，但网络

暴力、电信欺诈等事情时有发生，需要网络使用者提高安全意识，避免信息安全泄露与个人隐私侵犯。四是为长辈营造良好的数字学习环境，加强互动与情感交流，鼓励长辈主动参与数字经济，运用数字技术。

第三章　金融支持民营养老机构存在的问题及对策

进入21世纪以来，很多国家面临着人口老龄化的社会性困境和难题，按照目前的国际标准，中国已经发展成为一个真正意义上的人口老龄化国家，并且这种趋势在不断地加深。由于我国居民养老基数较大，加之计划生育政策的影响，独生子女家庭占中国家庭的比重日益增多，以家庭养老形式为主要导向的居家养老方式也受到了挑战。在此背景下，传统养老模式不适应老年人的需求，在无法满足庞大的老年市场需求的情况下，大力建设民营养老机构刻不容缓。但是受多种因素影响，民营养老机构多在微利的境遇下运营，其发展受到资金短缺问题的制约。金融扶持民营养老机构的发展，让民营养老机构能够发挥更大的优势，这是当前中国应对人口老龄化社会的重要举措，也是解决老龄人口养老困难的重要对策。

一、引言

当下，我国新生人口数量呈现断崖式下降，老年人口数量持续创新高，人口老龄化的问题十分严重。根据国家统计局的统计资料报告显示，2019年年末，我国60周岁及以上人口达到了25388万人，占全国总人口比重为18.1%，其中，65周岁及以上人口数为17603万，占总人口的比重为12.6%，如图3－1和图3－2所示。图3－3展示了老年抚养比的变化趋势。在此背景下，大力发展养老机构建设刻不容缓，尤其是民营养老机构。

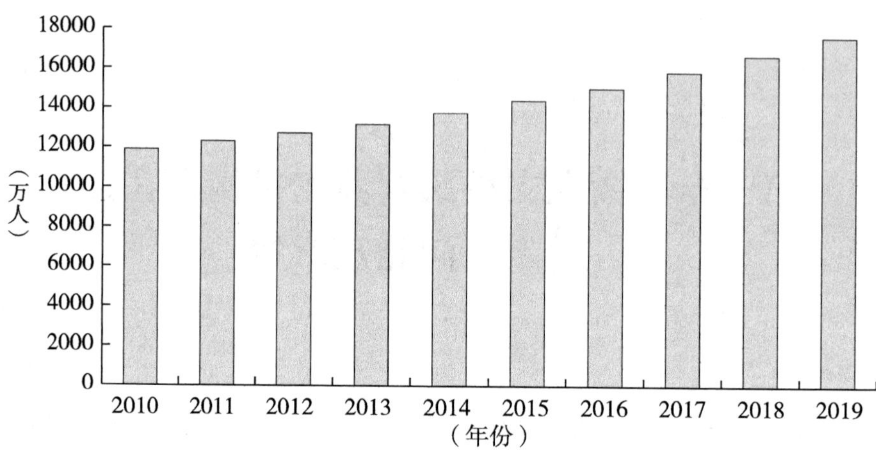

图 3－1　中国 65 周岁及以上人口发展趋势

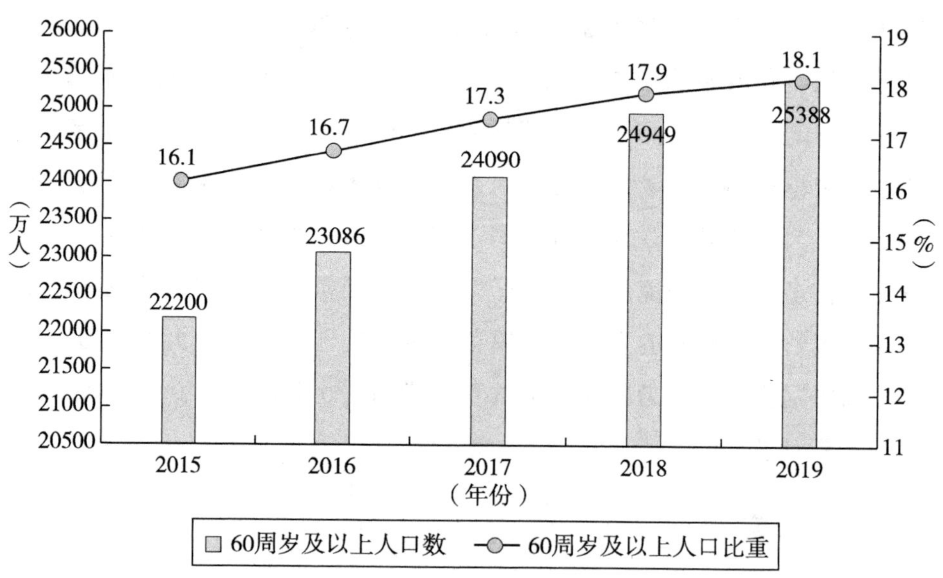

图 3－2　2015—2019 年 60 周岁及以上老龄人口数量及其占全国总人口比重

注：资料来源于国家统计局。

关于支持民营养老机构发展方面，目前学界大多关注政府的财政和政策支持，金融支持民营养老机构的积极性不是很高。梅芳和刘军（2016）认为民办的养老机构普遍遭遇筹资困难问题。由于养老机构在市场上的投资大和回报率低，众筹融资在我国作为移动端和线上金融的重要手段，具

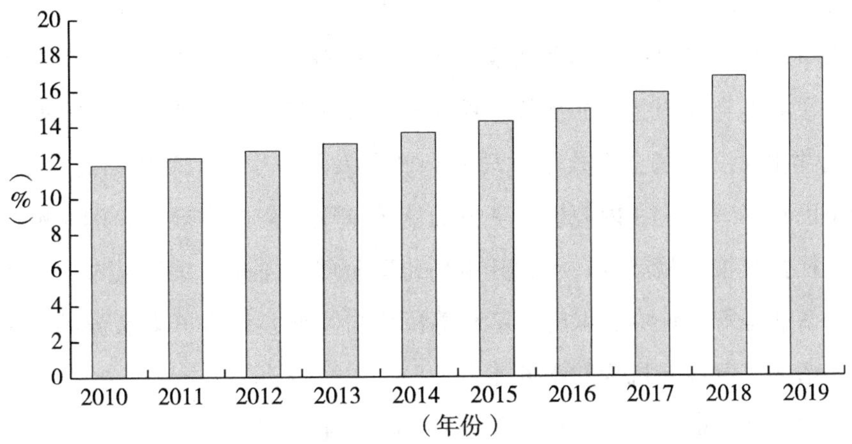

图 3－3 老年抚养比

备了融资成本低、风险分散、效率高等优势，为促进社会资本向民营养老机构的流动提供了一种更加便利的途径。陈谋娟（2020）认为解决民营养老机构困境可以通过“互联网＋养老院”方式，利用大数据平台，采用科技手段及时了解老年人的需求，充分利用互联网信息来拓宽融资渠道，加强养老机构与广告、医疗、保险、服务业的合作，互惠互利达到效益最大化。

沈浩兵（2014）指出金融支持民营养老机构建设要创新金融服务方式，以江苏省南通市为例，采取创新承贷主体的方式，降低市场准入条件，对有条件的个人也可以授信准入。同时我们可以建立一个绿色通道，对民营养老机构的贷款实施优先受理、优先调查、优先授信、优先发放。杨贺（2020）将 PPP 模式引入养老服务机构体系建设中，认为政府可以通过与社会资本的合作，提供一定的政策性优惠，以公办民营、公私结合的方式，打造一个新型的养老服务体系，以有效解决民营养老机构的投资周期长、回报率低、融资约束条件多等问题。徐建红和陈建梅（2017）认为当前民营养老机构处在供不应求状态，市场潜力巨大。然而，由于我国民营养老机构目前处于起步阶段，国家财政方面对民营养老机构的扶持力度明显不足，诸多的优惠政策也很难得到有效落实，造成了许多民营养老机构只能低成本运作，经营困难。因此，加强对民营养老机构扶持力度，积极探索民营养老机构新模式是当前的主要任务。姚大锋（2018）指出在中国人口老龄化形势严峻和养老服务体系发展滞后的状况下，应充分利用保险业在养老金融服务中的优势。保险机构作为发起人，通过自有资金、资产证券化或投资基金方式来撬动养老产业发展。李小兰和曾盛聪（2017）指出民营养老机构在内源性融资方面能力有限，对地方政府、国家财政的优惠扶持政策依赖严重。因为其市场化融资能力不足，渠道狭窄，要积极鼓励商业银行、证券、保险、基金等机构自主研发民营养老服务的金融产品，增强民营养老机构的服务能力。

通过文献梳理发现，尽管业内对于养老金融研究比较多，但大多金融支持措施操作性不强，原则性对策明显，不具有实际执行性。民营养老机构受自身条件和社会环境限制，资金少、规模小、服务能力不足的问题明显，这势必会给民营养老机构可持续发展造成巨大的压力。

二、金融支持民营养老机构之问题

一是金融对民营养老机构的信贷支持基础条件薄弱，贷款风险评估困难，参与程度不高。

承贷主体认定不清晰，获取贷款支持难度大。尽管现行的相关法律法规对于支持养老信贷市场没有明显的政策阻碍，但民营的专业养老服务公寓、护理院、康复中心以及民营托老所，大多都可能因为属于民营非企业经济组织，很难真正达到银行要求的内部治理、盈利能力、运营能力、现金流等授信机构准入的基本信贷条件，在没有完成基础设施建造和获得国家正式审批之前，民营养老机构不能用自己的法人身份作为实际承借的主体，获得贷款难度很大。

财务管理基础薄弱，不利于商业银行的授信和审查。现有的民营养老机构既不上缴增值税也不缴纳企业所得税，而且由于税务等政策部门对其在财务管理上没有提出基本要求，大多数民营养老机构的会计人才比较匮乏，财务管理比较粗放，不利于授信和审查。

资产质押、抵押遭遇困难，担保公司不愿意担保。现阶段很多民营的养老机构都具有公益特点，按《中华人民共和国物权法》第一百八十四条的规定，以社会公益为主要目标的配套设施不能被用来作为抵押品，养老服务机构这类明显带有社会公益性的组织，养老计划项目的建设用地大部分都是由政府划拨或者租用，不能被用作合格抵押物。目前还缺乏统一的制度规范和操作标准，项目用地不能拍卖或出让，因此有效担保物缺乏，导致银行望而却步，无法控制信贷风险。当前大多数的养老机构都通过长期挂靠集体、公私合营的方式，存在着固定资产的所有权和国家土地使用权不明确的情况，有些投资者把自己的资金全部投入民营养老机构，形成的固定资产因为规模不足，能够提供的抵押品相对较少，无法满足商业银行的信贷条件。

二是政策对民营养老机构信贷支持的基础条件不完善，国有资本介入不足，社会资本介入不积极。

金融机构尚未把民营养老机构作为重点拓展业务。有关政府文件规定民办非营利养老机构不得分红。这样，民营养老机构平均要 10 ~ 15 年才能够收回投资成本，漫长的投资回报期削弱了民间资本投资的热情。商业银行因项目的投资周期较长、回报率较低，多数不愿参与其中。另外，养老融资制度不健全，国家财政拨款有限，补贴措施很难到位，政府部门对于民营养老机构扶持力度明显不足。财政补贴和准入的相关政策门槛太高，准入流程复杂。一些地方政府机构由于财政困难而延期缴费，有的干脆拒绝支付，实际能落实的补贴资金大打折扣。养老服务机构的建设和发展涉及土地资源、水电能源、交通建设等多方面，需要发改委、财政部、民政部等诸多部门参加，各个部门之间的功能和作用发挥往往由于利益分歧和部门隔阂，造成调控能力弱，很难真正形成具有可操作性的统一政策，从而降低了管理效率。

政府部门出台的扶持民营养老政策执行不到位。虽然国家推出了民营养老机构享有税收、用地、水电等方面的优惠政策，但许多细则并未真正具体落实到位。支持养老产业发展的金融产品单一，缺少支持养老服务产品开发的金融衍生产品和金融服务体系，严重制约了养老行业的进步。相关制度、法律法规没有完全建立起来，对民营养老机构用地的转让方式规定不具体，关于经营者经营行为没有具体的法规规范，开发者和经营者各自的责任划分界限不具体，存在法律漏洞。

社会资本参与建设民营养老机构的积极性不高。商业银行在养老金融领域参与度较低，尤其是国有大型银行。养老服务项目前期投资量大，后期经营利润相对较低，回收期非常长，平时的运营收入甚至不够偿还银行贷款，基本上都是依靠自己的现金流和政府提供的少量补贴，而且市场变化、自身经营状况、行业政策变动等经营过程中的任何一个环节出现问题，都将会影响到项目的还款。因此，金融机构不敢为民营养老机构发放贷款。

三是金融服务单调，多停留在放贷层面。

针对民营养老机构的投融资咨询、担保、信托、租赁服务较少，目前整个社会没有形成完整的养老产业与社会金融服务业互动的机制。就当前我国的老龄产业发展而言，养老金融基础脆弱仍然是一个持续且长期的问题。同时，国内许多商业银行由于受治理体制机制不健全等各种因素影响，也基本陷入一种资金配置较少、效率较低的状态。其实，这对于民营养老机构，对于老年产业与金融行业而言都是一种亏欠和损害。目前，我国民营养老服务行业正处于成长早期，以中小微型企业为主，而中小微型企业的融资虽然存在种种条件限制，但是银行融资仍然被认为是中小微型企业较主要的资金来源之一。通过对民营养老机构的调查结果发现，银行融资在当前位居地方政府直接投资和民营机构自有融资之后的第三位，银行融资的数量相当于其资金来源的23%，由此可见，银行融资仍然是民营养老机构最重要的资金提供者，必须进一步疏通、完善这一融资渠道。

四是人力资本的投入相对较少。

服务工作者收入较低、流动性较大，不利于提高专业化服务水平。截至2018年年底，全国各类高职院校共开设养老管理服务与保险管理等养老相关专业点数805个，各类养老服务机构共有养老从业人员58.3万名。目前，由于我国托养机构管理人员和护理人员在相关专业培养方面存在一定的问题，队伍整体上年龄相对偏大，学历与专业技能综合水平相对偏低，工作人员的劳动强度大于一般行业，但实际上的劳动收入相对较低，导致其服务责任心不强，工作的满意度不高。因此，医疗护理人才紧缺已经成为限制养老服务产业快速发展的瓶颈。

三、对策研究

第一，利用“互联网+”方式，政府积极采取政策引导。运用互联网的超大信息量、联动性和曝光度来拓宽资金来源渠道，构建民营养老机构与“互联网+”协作平台。养老机构公布其信息于平台寻求帮助与协作，一方面可以让更多的慈善基金进入，另一方面可以加强民营养老机构跨行业合作，诸如医疗业、广告业、房地产业、保险业等，实现双向资金流动，互惠互利达到效益最大化。

加大政策扶持。政府给民办非营利性养老机构一定的津贴和经营补贴，按照实际服务老年人数量发放。可以对民营养老机构进行更加有效的区分，给予不同的收费优惠，对民办非营利性的专业养老服务机构一般可以直接实行同公办养老服务机构相同等级的收费优惠政策，并针对民办非营利性的专业养老服务机构，制定专门的就业优惠政策，保证其自身具有一定的盈利空间。通过这些手段，降低市场准入的资格条件，简化商业养老机构的相关行政和业务审批管理程序。积极引导鼓励各类商业资本参与开展养老服务，并在投融资经营上也同时给予一定的政策性资金扶持。在政府部门资金审批方面，应该简化审批程序，减少中间环节消耗的物力、财力，按时将资金发放到位。政府对民办养老产业的扶持，很大程度上依赖金融机构对这类福利性产业的金融支持。

应当将民办非营利性养老机构用地直接纳入国家统一养老用地规划，给予一定数额的土地出让金减免；在水电气等日常生活费用支付方面，可以享受与公办养老服务机构相同的税收优惠政策。因此，通过政策指引，借助互联网平台，拓宽养老服务融资渠道，也是加深金融和养老服务体系融合发展的重要途径。

第二，利用 PPP 模式，形成新型民办养老服务体系。养老服务行业公益性质较强，需要地方政府的统筹规划和政策、资金的支持。通过与地方政府合作开发，共同经营，以公建民营、公私合营的方式，让社会资本能够以更加稳妥的方式造福于养老服务领域，为民营养老机构带来资金支持的同时也稳定了金融市场。如宁夏回族自治区加强对全区养老服务机构开展公建民营的产业政策扶持力度，自治区财政厅、民政厅、发改委联合发布了《宁夏回族自治区养老机构公建民营实施办法（试行）》，文件提出要优化全区养老综合服务结构，吸引越来越多的社会力量积极参与。允许公建民营的养老机构在现行管理办法的基础上，所有权方与业务经营者签订的长期运营管理合同的过渡期限可延长至 10 年，其中前 3 年可以无偿使用。

第三，鼓励社会资金助力民营养老机构，拓宽融资渠道。鼓励社会力量以个人、单位、组织、团体的名义，通过独资、合作、联盟、参股、出租等形式，推动民营养老机构的持续健康发展。政府的政策引导，使得养老机构能够以更低成本、更高效率提供较好的服务。创新和优化养老金融中民办养老金融产品，增加养老服务行业及其相关建设项目的信贷资金投入。积极探索扩大养老服务行业市场化的融资途径，通过投资补贴、借贷贴息、经营补贴、购买养老服务等手段，政府支持民间资本参与兴办养老机构，开展各类养老服务。金融机构可以针对民营养老机构中优质企业或者优质项目适当地扩大相关抵押或质押财产使用范围，充分实施信用考核标准，对有条件的民营养老机构提供相关抵押和质押物，采取应收账款、院线内部现金流等多种方式重新设定其抵质押方式，给予相关信贷政策扶持。

第四，加强政府部门之间、金融机构与有关部门、银行与保险企业之间的交流合作，从而有效控制并及时分散金融风险。银行机构可重点关注地方政府对国家养老产业发展专项资金使用情况，了解相关项目和政策方向，并积极主动探索新的方式与地方政府合作，共同开展养老金融服务。对于信贷融资难度较大的民营养老机构建设项目，可与其他养老同业机构进行直接协作，采取银团抵押借款等金融手段及时予以政策扶持，分散其中的信贷和融资风险。另外，银行机构还可将自己的短期信贷资金使用优势与保险公司和其他风险投资者的短期信贷风险赔付管理优势进行有机结合，以便及时分散和有效降低其信贷资金的使用风险。保险公司利用其先进的资产管理技术和业务产品体系，能够有效拓宽养老产业融资渠道，实现养老金安全保值，切实完善养老服务体系。让保险公司成为养老服务产业市场化驱动、规模化运营、集约化管理的中坚力量，主动引导社会养老服务业的发展。银行机构应该积极引入养老理财规划及基金类产品，通过优惠政策引领催生一系列长期、回报率稳健的理财产品，形成稳定的养老金投入资本池。

第五，加大对养老产业相关专业人才的培养，提升从业者的工资待遇和社会地位。要建立健全养老院中护理人员专业技术等级的认定与教育培养体系，从政府层面上要研究制定科学、规范、适应当代需要的养老护理专业人才培养体系。首先，政府应督促相关部门出台完善的培训体系和政策（包括培训方式、培训内容、培训评估、培训监管等），加强对在职人员的培训，有效提升养老服务人员的职业操守和专业化水平。其次，政府应当积极地鼓励学校开设与养老服务有关的专业，加快培训专业人才，提高养老服务从业者的职业道德和服务水平。最后，改善养老机构从业人员的薪酬待遇，并且要加大舆论宣传力度，营造养老服务行业的良好社会环境。以宣传教育为工作先导，充分发挥主流传播媒介的作用，针对各类型老龄群体广泛地开展宣传教育活动，让传统的养老理念向现代化的养老理念转变，改变老年人对机构养老的偏见。

大力引进养老机构管理和服务的专业人才。对从事养老服务产业的医疗、高层次管理、服务人才提供奖励政策、职称职务晋升鼓励政策和落户优惠政策。政府应该加大宣传力度，转变人们的传统观念，打破“行业歧视”。引导职业院校和高等院校开设养老护理相关专业课程，并且要进一步加大对护理人员的职业资格认证和继续教育培训工作，认真落实民政部对其专门进行的技能职业鉴定指导工作，强化服务能力考核，由政府有关部门向考核合格人员颁发养老护理员的职业资格认证和鉴定证书。由于存在非常大的护理员缺口，应在社会上建立养老服务从业人员的培训制度，并且提高养老护理员的待遇，壮大养老护理员队伍。

“养老院 + 金融服务”相关产业作为一个新兴产业，具有很强的政策性和行业属性。一方面，银行机构必须不断加强与其他养老金融服务机构合作，加强和从事养老金融业务的各个领域从业人员之间的信息沟通和业务交流，着力提升整体从业人员队伍的金融服务创新能力，打造一支综合性强、素质过硬、结构合理的金融服务人才梯队；另一方面，民营养老机构和金融机构必须积极开展广泛的合作，努力打造一套专业化的金融信息服务管理体系，为推动我国“养老院 + 金融服务”行业的健康快速稳定发展提供必要的技术支持。

四、总结

通过研究分析，可以看出我国养老服务体系存在很多问题，伴随老年人数量增加的同时，他们对养老机构服务需求呈现多样化。但是养老机构供给不足，尤其民营养老机构存在供需失衡的现象。当前，民营养老机构自有床位较少、床位闲置率高，享受的相关优惠政策少于公办养老机构，大部分中小型民营养老机构或多或少面临财务危机。民营养老机构本身就是一个微利型的行业，投资预期回报周期很长，迫切希望得到政府的政策扶持，为民营养老机构发展注入活力。鼓励商业银行积极探索向产权清晰的民营养老机构发放贷款，以有效解决民营养老机构融资难的突出问题。需要民政部、财政部、税务总局共同合作，仔细设计社区养老服务机构享受增值税、企业所得税、行政事业性收费减免的优惠扶持政策。在全国各地基本形成覆盖广泛、内涵深刻、衔接紧密的经济困难老年人补贴政策体系，提升保障水平，以实现基本养老服务均等化目标。

现今由于我国的民营养老行业融资环境还不成熟，相关产业的发展基础比较薄弱，所以各级人民政府有必要进一步采取财政、金融等政策性的产业融资手段。在行业发展的最初阶段，政府部门尤其需要积极介入，运用资金扶持和政策优惠帮助民营养老机构减轻成本负担，通过金融支持实现资源的有效配置。然而，由于受到社会经济发展的限制，我国的金融支持力度不够，有待进一步加强。此外，金融对于养老服务体系的支持，越来越离不开互联网技术的运用，互联网与养老机构之间的联系也越来越紧密。借助移动互联网技术的驱动力，实现信息化，推动民营养老服务制度建设，促进我国养老金融和整个社会经济健康发展。

第四章　民营养老机构经营风险

人口老龄化程度不断加深的背景下，政府财政支持的公办养老机构已经不能满足迅速增长的养老服务需要，民营养老机构将会成为提供养老服务的重要力量。但由于养老业务起步晚、法律制度不健全、管理经验缺乏等问题，使得我国民营养老机构的经营风险非常高，严重制约了民营养老机构的生存和发展。因此，本章对民营养老机构的经营风险进行深入研究，并提出一些有针对性的政策建议，以促进我国民营养老机构的健康发展。

一、引言

国家统计局数据显示，2000 年我国 65 岁及以上人口比重为 6.96%，14 岁及以下人口占比为 22.89%，由此可以看出，从 2000 年开始我国人口结构就初步形成了老龄化结构。近些年，我国人口老龄化程度不断加深，2018 年我国 65 岁及以上人口比重达到 11.9%，2019 年年末这一比重达到 12.6%，此时，我国人口年龄结构距离“老龄社会”仅差 1.4 个百分点。据预测，未来我国将会不可避免地进入深度老龄化社会，越来越多的中老年人开始考虑养老问题，养老市场的规模不断扩大。国家福利性质的公办养老机构已远不能满足养老市场的需求量，养老市场供给必将产生巨大的缺口。公办养老机构在发展过程中出现的管理体制僵化、产权不合理、功能定位不清以及服务供给低效等问题，使得养老服务的供给与老年人多样化、专业化的服务需求之间的供需矛盾也凸显出来。因此，打造优质的养老服务体系迫在眉睫，而引入社会力量的民营养老机构被认为是解决养老问题的有效方式。

养老服务业作为我国的新兴朝阳产业，近几年得到快速发展，民营养老机构在政策和市场需求的双重刺激下也发展迅猛。一方面，民营养老机构积极顺应我国人口老龄化发展的趋势，日益成为推动社会化养老的主力军；另一方面，养老事业是一项复杂的社会工作，其经营存在很大的潜在风险。在我国养老机构的管理水平和风险理念相对落后的情况下，作为养老行业的新生力量，民营养老机构的经营面临着诸多挑战，在经营发展中凸显出一些困难和风险隐患，值得政府和社会各界人士给予关注和支持。

现在，社会主义市场经济还处于初级阶段，社会养老还是个复杂的问题，再加上行业标准不规范、政府公共服务监管体制不完善，民营养老机构在经营管理过程中面临诸多风险，产生风险的原因也不尽相同，目前国内尚未建立专门针对民营养老机构经营管理风险的防控体系，因此迫切需要一套适应民营养老机构控制风险的应对机制。本章研究了民营养老机构在经营管理中所面临的风险，并提出规避风险的对策，希望能对未来我国养老事业的发展有所助益。

二、文献综述

由于西方发达国家较早进入老龄化社会，且其老龄化进程较为缓慢，因此西方国家在养老服务产业发展方面有了时间较长的摸索过程，形成了较为完整的养老理论体系和丰富的实践应用经验。安东尼·吉登斯（2000）指出，第二次世界大战后至20世纪70年代初期，“福利国家”飞速发展的同时，大量的福利开支给一些国家的财政带来很大负担。随着老龄化的上升，政府在社会保障养老事业中的职能逐渐由最初占据主导地位变为辅助角色，民营养老机构发挥越来越重要的作用。Michael. J. Stoil（2000）指出，伴随西方国家及亚洲相对发达的国家步入老龄化社会，市场的作用表现得更加明显，而政府对社会组织和相关机构提供支持与帮助的方式则更多以协调、促进、监督等方式为主，其观点与安东尼·吉登斯相似。Peter Aldersa 等（2015）在对比分析德国和荷兰养老事业的发展中发现，荷兰的养老机构利用率较德国的养老机构高，原因在于荷兰政府颁发的一系列公共政策，对推动荷兰养老事业的发展起到了积极的作用。

在国内，大量学者对我国养老行业的现状进行了研究。周楠（2019）指出，一方面受传统养老模式、社会保障水平等因素的影响，我国大量社会养老问题会不断涌现；另一方面，我国人口老龄化的问题不断加重，原有的养老模式已经不能适应现有人口结构变化带来的养老需求转变，因此对原有养老模式改革势在必行。刘红（2008）发现民营养老机构经营面临很多困难，诸如法律法规不健全导致的养老机构和入住老人之间的权责不明确、国家的优惠政策不易真正享受到、资金供应链短缺等一系列问题。李雪冬（2010）认为必须要理顺长远发展架构，以期能够及时满足老龄群体的实际需要，这其中，民营养老机构自身竞争力的提升是至关重要的。耿爱生（2015）认为，基于强大的养老需求，多层次、多元化的养老模式是在自然需求发展下形成的，“医养结合”养老模式的兴起正是应对我国日益严重的老龄化问题的实践探索。田平等（2020）指出在 PPP 模式下进行公办养老机构的民营化改革，是解决公办养老机构经营管理问题的有效途径，但在民营化改革过程中也面临着公益性、持续性、产权归属等问题。从以上可以看出，学界对养老服务业从政府主导到公私合营再到民营主导这样的一个发展历程、存在问题及解决方式都进行了大量研究，但是，就目前养老行业的新星——“民营养老机构”存在的经营风险分析较少。其中，黄加成（2011）对养老机构常见风险与规避措施进行了研究。伍建松（2017）分析了民营养老机构在经营过程中存在的潜在风险。本章在他们研究的基础上进一步研究民营养老机构在经营过程中存在的风险及产生的原因，并据此提出一些针对性的意见。

三、养老机构发展现状

根据国家统计局公布的统计数据显示，2019 年，我国养老服务机构达

3.4 万个，床位数达到 761.4 万张，每千名老人拥有养老床位数 30.53 张。这一比例与“十三五”规划提出的每千名老人养老床位 35～40 张，还存在很大差距，与发达国家每千名老人养老床位数也有一定的差距。可以看出，我国养老床位存在供不应求的现象，养老服务业的供给有较大缺口。

具体来看，一方面，我国养老机构规模整体偏小，大型养老机构缺乏。2018 年年底，床位数在 50～100 张的养老机构数量占比高达 78%，而床位数在 300 张以上的大型养老机构数量占比仅为 3.50%，其中，床位数在 1000 张以上的超大型养老机构所占比例只有 0.61%。总体来看，我国养老机构的规模普遍较小。另一方面，从养老机构的企业性质来看，目前公办养老机构依然是市场主体。截至 2018 年 9 月末，公办养老机构数量占比 78.14%，远高于民营、社会团体、公办民营、公助民办等性质的养老机构（见图 4－1）。

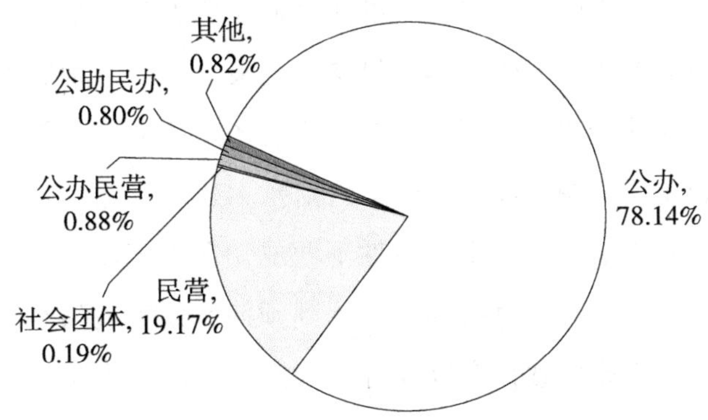

图 4－1　2018 年养老机构企业性质分布

近几年，在国家养老政策的推动下，民营养老机构运营专业程度不断提升，预计未来民营养老机构的数量也将会有所增加。2017 年开展的全国范围的养老院服务质量建设专项行动使我国养老服务设施和服务质量明显改善，全国民营养老机构同比增长 7.8%。截至 2020 年 6 月底，全国养老机构和设施总数为 22 万个，床位 790 多万张，其中，民营养老机构的床位和数量占比均突破 50%。

四、民营养老机构经营风险

民营养老机构经营风险是指民营养老机构在经营过程中除不可抗的自然灾害之外，在特定条件和时期内，由于人为原因发生某种损失的不确定性或可能造成损害的程度。民营养老机构在经营过程中风险的产生有多方面的原因，既有养老机构自身的原因，也有入住老年人的原因，外部环境的变化也会在一定程度给养老机构带来风险。若不能很好地解决，将会对民营养老机构的健康持续发展造成不利影响。

（一）财务风险

1. 资金链断裂

养老服务机构是长期连续经营的服务型产业，兴办养老服务机构投入大、回报少，且回报时间比较长，可能会使投资者失去耐心，中途放弃对养老产业的继续投资。另外，养老机构的建设、运营、发展资金筹集渠道较少，经济体制比较单一，资金供应缺乏抗风险能力。大部分民营养老机构的运营资金主要来源于经营者的个人财富，建设资金主要来自负责人及其合伙人，如若养老机构的交通条件不便或知名度不高、口碑不好，床位入住率在一定时期甚至长时间都难以达到预期，处于勉强经营状态，运营风险相当大。这也是导致社会资本对进入养老行业持谨慎态度的原因。

2. 盈利能力低

养老产业最初是以公益性质出现的，尽管民营养老机构是企业性质，但是其盈利能力还是相对较弱的，面向社会经营时不可能产生暴利，这一点和生产制造业、酒店服务业有着本质的区别。

养老机构前期投入大，运营开销多，往往会处于亏损状态。经过一段时间的经营后，随着成本控制能力的提升与经营收入的增加，才能逐渐扭亏为盈，实现微利。但是养老机构和餐饮、娱乐等行业不同的是，养老机构的盈利率并不会随着营业时间的增长有大幅度的提升，而是常年保持在一定水平线上，这是由于养老事业具有公益性质，其盈利周期可能长达10年以上，属于一项长期投资。因此，在各项开支巨大，盈利能力不足，又没有其他财政扶持的情况下是很难维持生存的。

（二）营运风险

1. 入住率低

尽管我国老龄化程度日益加深，公办养老机构一床难求，但也确实存在着民营养老机构床位闲置的现象。其主要原因在以下几个方面。第一，子女的养老意识落后。大多数人认为将老人托付给养老机构是子女的不孝，所以更加偏向于家庭养老，这使得民营养老机构的入住率不高，对其发展带来了一定的阻碍。第二，老年人自身养老意识缺乏。很多老年人本身对于外出养老表现出排斥情绪，一部分人因为害怕街坊邻居说三道四，面子上过不去，担心去养老机构会失去自由，被旁人左右生活会不自在；甚至有很多人认为只有无家可归的人才会去养老机构。老年人传统的养老观念很难改变，去养老机构养老的意愿不强。第三，有些养老机构定位不准，或因功能设施落后，或因机构选址偏僻而无人入住。虽然目前我国公布的统计数据显示老年人数量有着惊人的增长，一些养老机构在开业前也会了解该地域需求量并做一些调查与分析，但大部分机构并没有做深入的分析。民营养老机构只看到了总体的需求量，而未做具体、精准的分析。总体需求并不代表区域市场需求，一些民营养老机构正是只看到需求总量就盲目地将土地拿下来开办养老机构，造成了不合理的投资和巨大的市场风险。

2. 护理员招募困难

员工是企业的生命，是一个企业生存发展的关键。通常情况下，养老机构在经济上并不宽裕，员工工资也不高，但打理和照顾老年人的事务繁杂，需要极大的耐心和毅力，照顾老年人还要有爱心，因此招募护工不易。就算招到护工，好多都无法长期坚持。护理员的离职一直都是养老机构最头痛的事，而且护理员年底离职率最高，有很强的周期性。究其原因，一方面，部分老年人的不配合使护理员工作积极性受到打击，另一方面，护理员这一职业在工作上给人们带来的成就感与社会认同感过低，也是导致离职率高的重要原因之一。

另外，当前我国养老服务从业人员中高质量、专业性强的护理人员较少，普遍存在学历低、年龄偏大、专业知识缺乏、人员流动性大等突出问题。从业人员素质不高，就很难按照操作规范为老年人服务，势必会增加因工作人员玩忽职守、违反规章制度等失职行为所造成的责任事故风险。

3. 内部管理不当

养老机构的运营若不能得到良好的管理极易引发经营风险。一方面，有些民营养老机构的院长在从事院长职务之前，没有经过任何的岗前培训，对养老机构的管理模式、规章制度、服务流程、风险控制、老年人需求等方面缺乏专业经验及系统的了解。由此导致一些养老机构在条件设施、管理水平、服务质量等方面差距较大。另一方面，养老机构的专业人才难觅，受工作性质、工作条件、工作待遇、发展前景等方面的影响，养老机构对人才的需求无法满足，一些社会工作者，有经验的院长、医生、护士等专业人员都望而却步，不愿长期从事养老机构相关的工作。但是，缺乏管理人才和管理经验可能会导致机构内部权责不清、运营混乱等一系列管理服务问题，也有较大的风险隐患。

（三）道德风险

养老机构在经营过程中还会遭遇道德风险问题。养老机构在接收老年人时，一方面，对于入院评估，院方无完全自主权；另一方面，养老机构为了快速达成入住协议，往往会急功近利，缺乏对老年人的全面评估。因此，有些家属可能会利用养老机构在接收入住程序上的这一缺陷，为降低收费而对老年人的实际情况有所隐瞒。在这种情况下，老年人一旦遇上事故，院方可能需承担所有责任并支付巨额赔偿，这会造成民营养老机构巨大的损失。老年人本身就是风险的根源，缺少了客观的全面评估，就会导致对风险源认识不足，留下道德风险隐患。由于在这方面养老机构没有得到足够的风险保障，一旦老年人在机构里出现意外就会给养老机构的财产和声誉带来极大损失，也会给企业的后续经营带来不利影响。

（四）法律风险

权责分明的法律法规缺乏使得民营养老机构被列入高诉讼的行列。近几年，在全国各地养老机构迅速发展的同时，养老机构和入住老年人在权利义务上的划分矛盾也日益突出。社会上，往往认为服务对象——“老年人”是弱势群体，养老机构是强势的一方。但在遇到纠纷时，特别是遇到相对强势的老年人亲属，养老机构往往会变成弱势群体。相对学校、医院而言，养老行业至今没有有效的老年人伤害事故处理办法。一旦民营养老机构与入住老年人发生不愉快事件或者纠纷，由于相关法律法规的缺失，养老服务机构将面对很大的社会压力，大大增加养老服务机构的成本支出，如果处理不当，还会给养老服务机构日常管理和口碑形象带来严重的负面影响。

因此可以看出，养老服务机构卷入的纠纷案件往往由入住协议或供（寄）养合同约定不清、权责不明等原因造成。养老行业法律法规的缺失会使养老服务机构的经营面临较大的法律风险。

（五）政策风险

民营养老产业作为新兴产业，除了法律法规体系不完善外，还缺乏可操作性的扶持政策和服务准则。一是民营养老机构的开发涉及土地、规划、财政、建设、民政等诸多部门，部门之间的职能发挥形不成合力，很难形成统一、具体的政策，影响管理效率。二是现存优惠政策很难得到有效落实。政府对于民营养老机构的启动资金是有一定政策补贴的，但是超过一定年限，就会失去这种优惠政策。该政策的目的是帮助民营养老机构前期的运营与发展，但由于实际发放过程中存在的拖延等问题，让许多存在经济困难的民营养老机构在前期便遇到了阻碍，加之严格烦琐的审核、反复的检查更是加重了其负担。三是养老金融发展缓慢。政策上缺乏对金融机构支持养老服务业发展的激励机制，金融支持不够也阻碍了养老产业的发展。

五、民营养老机构经营风险应对措施

民营养老机构作为市场化的产物，在经营过程中的风险是客观存在的，养老服务机构应该树立风险防控意识。一方面，政府要给予适当的政策支持；另一方面，民营养老机构也应该从自身寻找可能存在的风险缺口，不断完善企业的风险防控机制，以实现企业的长久可持续发展。

（一）政府加大扶持

政府增加对民营养老机构的重视程度，加大政策扶持。民营养老机构能否有良好的发展前景，政府在其中起着至关重要的作用。目前，民营养老机构在经营中出现不少的困境，原因之一是政府对民营养老机构的重视度不高，缺乏政策倾斜。若要改变这种现状，一是要有政策的支持，包括降低市场准入门槛，简化养老机构行政审批手续；鼓励社会资本参与养老服务，并在投融资模式上给予政策性支持。二是要有适当的资金扶持。政府不仅要对作为供方的养老机构给予一定程度的建设和运营补贴，还要对作为需方的老年人给予一定的补贴，减轻老年人的养老负担，增强老年人去养老机构养老的意愿。三是在资金审批方面，应该简化审批程序，减少中间环节，确保资金及时、足额发放到位。

（二）提升养老服务人才专业化水平和职工薪酬待遇

人才强则产业强。首先，政府应督促相关部门出台完善的培训体系和政策（包括培训方式、培训内容、培训评估制度、培训机构监管等），加强对在职人员的培训，推进养老服务专业与医疗护理专业的融合培训，有效提升养老服务人才的专业化水平和职业道德水平，从根本上提高养老服务的质量。其次，提高养老机构工作人员的薪酬待遇，加强养老服务专业人才引进力度，对从事养老服务产业的高层次管理、医疗、护理人才提供落户和职称职务晋升等激励政策，稳定护理人员队伍。最后，鼓励机关干部和企事业单位职工、大中小学生参加养老服务志愿活动，增加社会对养老护理工作的认同感，使养老护理服务人员在工作中获得成就感和荣誉感。

（三）优化养老服务结构和创新养老产品

针对养老机构权责不明、管理不当等问题，地方政府部门可以借鉴国外民营养老机构的发展路径作出统一规划，明确养老机构发展目标，优化民办养老服务结构，建立多层次评估体系，因地制宜、适时地对养老机构内部工作展开评估。另外，合理布局各种不同类型的养老机构数量。如日本养老机构分为养老护理福利机构、护理保健机构、医疗护理机构三类，明确各种类型养老机构的职能，根据职能定位聘用相应的人才进行管理。

同时，鼓励慈善组织参与并推出更多养老产品。结合附近的医疗机构，建立“医养结合”的养老服务模式。与附近大医院保持顺畅联系，提供快速反应通道，定期对老年人的身体情况进行检查，以便及时发现、及时治疗，提供让家人放心的健康服务，减少道德风险的产生。

（四）提高风控意识和风险转移意识

一方面，养老机构需提高风控意识，建立一定的风险分析评估体系，指定第三方进行客观的老年人入住前的身体评估。要求入住者提供健康报告或联合医疗机构进行健康分析评估，并利用“互联网＋”进行大数据分析和筛选。对于重症临危老年人，与其监护人进行相关风险的沟通，签订责任文书，以减少道德风险的发生。

另一方面，养老服务机构应提高保险意识，根据风险发生的概率，结合自身实际承受能力，购买合适的商业险种，适当转移风险。可为机构内部的动产和不动产购买合适的财产险种，为员工和入住老年人购买相应的人身保险。而且养老机构可与养老保险公司进行合作，实现互惠互利。

（五）建立养老服务行业协会

随着社会改革的不断深化，政府职能逐渐在社会活动中弱化，小政府、大社会的格局成为时代发展的需要。行业协会能够在很大程度上减轻政府对养老服务行业管理的压力，规范养老服务行业的运行机制，架起政府、行业与社会间相互沟通的桥梁。因此，政府有关部门应积极支持建立养老服务行业协会，增强行业向政府部门传递话语的声音，提高行业内部的自我约束管理水平，建立严格的职业道德素养监督机制。

第五章　家庭人口老龄化对家庭金融资产配置的影响

本章利用2015年中国家庭金融调查（以下简称为CHFS）数据研究了家庭人口老龄化对家庭金融资产配置的影响，采用户主年龄是否超过60岁及家庭老人数占比两个指标来衡量家庭人口老龄化。研究发现，家庭人口老龄化对家庭持有股票资产和风险资产占比有显著的抑制作用，而对家庭持有基金资产具有显著的促进作用。

一、引言

当前人口老龄化是一个全球性的问题，备受国内外学者关注。我国被普遍认为从1999年步入老龄化社会的行列。现阶段，我国老龄化具有速度快、未富先老、地区差异明显等中国特色。目前我国老龄人口规模已居世界第一，根据联合国人口预测，到2050年我国老年抚养比将超过43%。人口老龄化程度不断加深，反映到微观层面就体现为家庭老龄化程度的不断提高，由此带来的养老、疾病治疗等问题日益突出。此种情况也必然使得家庭的养老经济负担增加，家庭的资产配置状况可能会受到一定程度的影响，家庭将出于预防动机更多地将资产配置到流动性较强的低风险资产。

近年来，随着人们收入水平和受教育程度的提高，人们对于家庭剩余资产保值增值的意愿更加强烈，投资需求大。而我国金融市场正在快速发展，金融产品种类逐渐丰富，家庭能否选择合理的方式配置资产及资产配置回报率的高低将关系到整个家庭的生活水平。选择有效的家庭资产配置组合对提高居民家庭财产收入，保障养老安全具有重要意义。在此背景下加强老龄化对家庭资产配置的影响的分析意义重大。家庭人口老龄化对家庭金融资产配置有怎样的影响？家庭人口老龄化是如何影响家庭金融资产配置的？本章对这些问题进行了探究，希望本章的分析能为未来养老安全提供政策预警。

二、文献综述

国外学者对于家庭金融的研究较早，而国内起步较晚，尚处于初级阶段。最初学者是研究收入水平对家庭金融资产配置的影响，后来逐渐发现年龄结构、受教育程度、社会保障程度、房地产和金融知识掌握程度、投资经验等均对家庭金融资产配置产生一定影响。

对于年龄与家庭金融资产配置关系的研究始于 1954 年 Modigliani 和 Brumberg 提出的生命周期假说，他们认为，消费者会基于整个生命周期来消费和配置资产，以实现效用最大化。当其收入高于终生平均收入时，倾向于更多的储蓄，反之则倾向于更多的消费。后来，Ameriks 和 Zeldes（2000）研究了家庭中风险金融资产的配置问题，提出股票投资一定程度上受年龄因素影响，中年人更热衷于股票投资。随着对家庭金融调查的深入，一些学者开始定量分析家庭人口结构与家庭金融资产配置的关系。Thornton（2001）利用实证模型分析了美国老年抚养比与储蓄占家庭资产比重的关系，其选取了 1956—1995 年的数据，证明老年抚养比越大，储蓄所占比重越小，呈负相关。Modigliani（2007）研究了人口增长率与储蓄的关系，结果表明人口增长率越大，居民储蓄愿望越强烈，同时发现相对老年抚养比来说，少儿抚养比的增加更会促进家庭对储蓄等无风险资产的持有。

在国内，袁志刚和宋铮（2000）研究发现年龄结构会对储蓄率产生一定影响，并猜测城镇居民消费倾向出现下滑趋势是由于年龄结构的转变。史代敏和宋艳（2005）对于四川省的城镇居民进行了抽样调查，利用 Tobit

模型对家庭资产构成状况进行了分析。王向楠、孙祁祥和王晓全（2013）通过研究得出结论：随着生命周期结构的变化，家庭持有的风险性金融资产比重呈“驼峰状”变化趋势。郭琳（2013）经过研究发现家庭平均年龄与家庭存款量呈倒“U”形关系；老年型家庭对金融产品有规避倾向；家庭生命周期的不同阶段对金融资产有不同的偏好和需求；教育程度的提高有利于金融产品的普及；家庭金融资产在城乡间有很大差别。杨继军和张二震（2013）基于1994—2010年中国省际面板数据研究发现老龄人口比重上升会抑制储蓄，而少儿人口比重上升会增加储蓄。莫骄（2014）以老龄化比例为衡量对象，计算家庭中60岁以上人口占总人口比重，进行了定量分析，结果表明居民的持股行为表现出一定的生命周期效应，家庭金融结构和年龄不存在线性关系。卢亚娟、刘澍和王家华（2018）通过使用CHFS（2013）的数据进行分析，发现人口老龄化使得我国居民投资深度下降，整体投资风险上升。总的来说，我国学者就老龄化对家庭金融资产配置的影响有了一定研究，但是角度还不够全面，因此本章在以往学者研究的基础上对家庭人口老龄化对家庭金融资产的配置做进一步的研究。

三、模型设计

（一）数据来源与变量选取

本章所使用的数据来自2015年CHFS的数据。在去掉数据缺失的样本后，最后保留了17231份有效样本进行研究。本章选取的被解释变量是家庭持有的“股票资产”“基金资产”以及“风险资产占比”三个变量。其中，“股票资产”“基金资产”是0—1变量，而“风险资产占比”是堆积变量。

本章的核心解释变量是“户主年龄”“家庭老人数占比”。其中，解释变量“户主年龄”是0—1变量，若户主年龄大于等于60，取1，否则取0。主要控制变量为年龄的平方、性别、受教育程度、户籍、婚姻状况、户主健康状况以及家庭总收入。具体变量定义见表 5 - 1。

表 5 - 1　　变量定义

变量类型	变量	变量名称	变量说明
被解释变量	*Stockdum*	股票资产	家庭持有股票资产取 1，否则取 0
	Funddum	基金资产	家庭持有基金资产取 1，否则取 0
	Riskshare	风险资产占比	家庭持有的风险资产占总资产的比重
解释变量	*Elder1*	户主年龄	户主年龄大于等于 60 取 1，否则取 0
	Elder2	家庭老人数占比	家庭中 60 岁以上的老人数占家庭总人数的比重
控制变量	Age^2	年龄的平方	对户主年龄进行平方
	Gender	性别	男性取 1，女性取 0
	Education	受教育程度	没上过学取 1，小学取 2，初中取 3，高中取 4，中专/职高取 5，大专/高职取 6，大学本科取 7，硕士研究生取 8，博士研究生取 9
	Rural	户籍	农村户籍取 1，城市户籍取 0
	Marry	婚姻状况	户主的婚姻情况，已婚取 1，未婚取 0
	Health	户主健康状况	非常不好取 1，不好取 2，一般取 3，好取 4，非常好取 5
	Totalincome	家庭总收入	对家庭总收入做对数化处理

从表 5 - 2 我们知道，持有股票、基金的家庭平均占比分别为 15%、5.6%，持有风险资产的占比为 1.1%。可以看出，我国家庭对金融市场的参与度比较低，持有的风险资产比较少，更倾向于持有无风险资产。户主的平均年龄是 53.64 岁，可以看出户主年龄偏大，家庭老人数占比为 30%，老龄人口占家庭人口比重大。82% 的户主都已婚，户主健康状况平均值是 3.37，处于一般水平。

表 5－2　　样本的描述性统计

变量名称	观测值个数	均值	标准差	最小值	最大值
股票资产	17231	0.15	0.36	0	1
基金资产	17231	0.056	0.23	0	1
风险资产占比	17231	0.011	0.055	0	0.98
户主年龄	17231	53.64	14.87	16	101
家庭老人数占比	17231	0.30	0.38	0	1
年龄的平方	17231	3098	1609.20	256	10201
性别	17231	1.31	0.46	1	2
受教育程度	17231	3.48	1.74	1	9
户籍	17231	0.30	0.46	0	1
婚姻状况	17231	0.82	0.38	0	1
户主健康状况	17231	3.37	0.94	1	5
家庭总收入	17231	10.38	1.54	0	15.42

（二）模型设定

因为本章的被解释变量“股票资产”和“基金资产”均为0—1 变量，所以这里用 Logit 模型来对其进行回归分析。风险资产占比，是一个介于 0 和 1 的数，它会在 0 处产生堆积，所以这里用 Tobit 模型对其进行回归分析。

具体模型为：

$$Stockdum = 1\ (\alpha_1 X + \alpha_2 Z + \mu > 0) \quad (1)$$

$$Funddum = 1\ (\alpha_1 X + \alpha_2 Z + \mu > 0) \quad (2)$$

$$Riskshare = \alpha_1 X + \alpha_2 Z + \mu,\ Riskshare = \max\ (0,\ Riskshare) \quad (3)$$

其中，（1），（2），（3）式中，$\mu \sim N\ (0,\ 1)$，*Stockdum* 是被解释变量，取 1 表示家庭持有股票资产，相反则取 0；*Funddum* 取 1 表示家庭持有基金资产，相反则取 0；*Riskshare* 是风险资产占比；*X* 是核心解释变量，*Z* 是控制变量，α 为估计系数。

四、实证分析

（一）家庭人口老龄化对家庭持有股票资产的影响

表5－3展示的是家庭人口老龄化对家庭持有股票资产的影响的回归结果。从列①结果可知，户主年龄的系数是负的，且在5%的显著性水平下显著，表明户主年龄超过60岁对家庭持有股票资产有显著的抑制作用。同样，家庭老人数占比的回归系数也是负的，且在10%的显著性水平下显著，表明家庭老人数占比对家庭持有股票资产也有显著的负面影响。因此从列①、列②结果显著来看，家庭年龄结构会在一定程度上对家庭的金融资产配置产生影响，家庭人口老龄化对家庭持有股票资产有显著的负向影响。

表5－3　　家庭人口老龄化对家庭持有股票资产的影响

Variable	*Stockdum*	
	①	②
Elder1	−0.118** (0.0543)	
Elder2		−0.108* (0.0580)
Age^2	3.38e−06 (1.58e−05)	−6.28e−06 (1.35e−05)
Gender	0.0522* (0.0281)	0.0535* (0.0281)
Education	0.210*** (0.00843)	0.211*** (0.00845)
Rural	−0.879*** (0.0665)	−0.877*** (0.0665)
Marry	0.155*** (0.0379)	0.159*** (0.0378)

续　表

Variable	*Stockdum*	
	①	②
Health	-0.0254 (0.0163)	-0.0259 (0.0163)
Totalincome	0.282 *** (0.0130)	0.281 *** (0.0130)
Constant	-5.080 *** (0.164)	-5.057 *** (0.163)
Observations	16379	16379

注：括号中数值是标准差；*** $p<0.01$，** $p<0.05$，* $p<0.1$。

对于其他控制变量，以列①为主，其他同理。由列①结果可知，年龄的平方对家庭金融资产配置的影响并不显著。性别的回归系数是正的，说明男性相对女性来说更倾向于持有股票资产。受教育程度、家庭总收入以及婚姻状况的回归系数都是显著为正的，说明受教育程度、家庭总收入和具有相对稳定的婚姻状况对家庭参与股票市场有显著的正向促进作用，表明随着受教育程度升高而加深对金融市场的了解会提高家庭对股票市场的参与度，家庭收入越高、家庭状态越稳定对家庭的风险市场参与度也有一定的促进作用。农村户籍对家庭参与股票市场有显著的抑制作用。而户主健康状况对家庭持有股票资产的影响不明显。

（二）家庭人口老龄化对家庭持有基金资产的影响

表5-4展示的是家庭人口老龄化对家庭持有基金资产的影响的回归结果，从列①结果来看，户主年龄的回归系数是正的，但不显著，表明户主年龄大于等于60岁对家庭持有基金资产的影响并不显著。而列②结果显示，家庭老人数占比对家庭持有基金资产的影响的回归系数是正的，且在5%的显著性水平下显著，此结果说明家庭老人数占比对家庭持有基金资产有显著的正向的影响，家庭中60岁以上的老人数占比越大，家庭越倾向

于持有基金资产。

表 5-4　　家庭人口老龄化对家庭持有基金资产的影响

Variable	*Funddum*	
	①	②
Elder1	0.0351 (0.0722)	
Elder2		0.184** (0.0749)
Age^2	2.11e-05 (2.07e-05)	-2.25e-06 (1.77e-05)
Gender	0.232*** (0.0366)	0.231*** (0.0366)
Education	0.167*** (0.0112)	0.165*** (0.0112)
Rural	-0.460*** (0.0868)	-0.451*** (0.0868)
Marry	0.112** (0.0501)	0.117** (0.0500)
Health	-0.00656 (0.0219)	-0.00612 (0.0219)
Totalincome	0.224*** (0.0176)	0.226*** (0.0176)
Constant	-5.264*** (0.225)	-5.250*** (0.224)
Observations	15429	15429

注：括号中数值是标准差；*** $p<0.01$，** $p<0.05$，* $p<0.1$。

（三）家庭人口老龄化对家庭持有风险资产占比的影响

表 5-5 展示的是家庭人口老龄化对家庭持有风险资产占家庭总资产比重的影响的回归结果。列①结果显示，户主年龄的回归系数是负的，且在

1%的显著性水平下显著，表明户主步入老龄化对家庭资产在风险资产的配置上有显著的抑制作用，户主老龄化可能会降低家庭的风险资产在家庭总资产中的比重。列②结果显示，家庭老人数占比的回归系数是负的，且在1%的显著性水平下显著，表明家庭人口老龄化会降低家庭的风险资产比重，显然这符合生命周期理论假说。

表5-5　　家庭人口老龄化对家庭持有风险资产占比的影响

Variable	*Riskshare*	
	①	②
Elder1	-0.00505*** (0.00132)	
Elder2		-0.00962*** (0.00141)
Age^2	2.07e-07 (4.12e-07)	-2.13e-07 (3.50e-07)
Gender	0.000292 (0.000832)	0.000179 (0.000831)
Education	0.00666*** (0.000256)	0.00653*** (0.000257)
Rural	-0.00333*** (0.000896)	-0.00303*** (0.000897)
Marry	-0.00263*** (0.000996)	-0.00260*** (0.000995)
Health	-0.000605 (0.000405)	-0.000636 (0.000405)
Totalincome	0.00332*** (0.000270)	0.00351*** (0.000272)
Constant	-0.0432*** (0.00358)	-0.0442*** (0.00355)
Observations	22437	22437

注：括号中数值是标准差；*** $p<0.01$，** $p<0.05$，* $p<0.1$。

五、结论及建议

本章运用2015年中国家庭金融调查（CHFS）数据，研究了家庭人口老龄化对家庭金融资产配置的影响。研究发现，第一，家庭人口老龄化对家庭持有股票资产有显著的抑制作用。这可能与生命周期理论所讲述的内容相关，人们会在生命周期的不同阶段配置不同的家庭资产组合，随着年龄的增长，当人们面临更多的疾病预防和死亡风险时，会出于预防动机更多地持有诸如银行储蓄等无风险资产，而减少对股票等风险资产的持有。第二，家庭人口老龄化对家庭持有基金资产有显著的正向促进作用，我们猜想这可能是因为人在老年时期有了一定的财富积累，但劳动收入预期降低，为了保证收入的稳定而进入金融市场寻求资产收益的欲望更加强烈，因此，家庭资产会投向比股市风险性更小但收益比银行存款更高的基金市场。第三，家庭人口老龄化对家庭持有的风险资产占总资产的比重有显著的负向影响。此结论与生命周期假说的观点相同，人口老龄化使得家庭的资产配置更多地倾向于无风险资产，而减少对诸如股票等风险资产的持有。

根据本章实证分析得出的结论，我们提出以下政策建议。

第一，在我国人口老龄化持续加深的背景下，家庭人口老龄化作为影响家庭金融资产配置的重要因素，会影响家庭的资产配置结构和收入状况，甚至会影响社会资源的配置。因此我国人口结构状况是值得关注的问题，有关部门需要制定相关措施，及时调整有关政策。

第二，为保障家庭资产和社会资源的合理配置，有关部门在制定相关金融政策时，应该考虑到老龄化与金融经济发展的关系，及时出台与我国现阶段老龄化状况相适应的金融政策。

第三，加强金融知识的普及，尤其是对家庭中的老龄人口。提高他们对金融市场及理财产品的认识，增强投资意识，以促进我国金融市场的健康发展和家庭收入水平的提高。

第六章 家庭人口老龄化对家庭住房投资的影响

本章利用中国家庭金融调查（CHFS）2017 年的微观数据，分析了家庭人口老龄化对家庭住房投资的影响。结果表明，衡量家庭人口老龄化的解释变量——老龄人口比和户主年龄，均对家庭住房投资产生显著的正向影响，并且在模型中加入了老龄人口比的平方以及户主年龄的平方来验证家庭人口老龄化与家庭住房投资之间的关系：家庭人口老龄化初期，能促进住房投资，但随着老龄化程度的加重，就会抑制家庭住房投资。使用 PSM（倾向性得分匹配）方法来缓解内生性的问题并进行分类研究的子样本回归，以及稳健性检验后，所得结论依然成立。

一、引言

住房问题是多年来困扰我国普通民众及政府的重大问题，在整个社会都有着极高的关注度。中国的传统观念认为家是一种归属，而房屋则是家的象征，所以每个中国人都想尽力去购置一套属于自己的房子。1998 年《国务院关于进一步深化城镇住房制度改革加快住房建设的通知》的发布，标志着我国商品房时代的到来。随后又经历了 2008 年和 2016 年的两次房价暴涨。特别是一线城市如上海，2008 年和 2016 年房价涨幅分别是 52.4% 和 20.5%，其房价已经由 1999 年的 3102 元/平方米上涨至 2019 年的 50982 元/平方米，然而上海市的人均工资则从 1999 年的 14148 元/年上涨至 2019 年的 114962 元/年，房价收入比由 0.2284 上升至 0.3631，该数据从侧面反映了房价上涨过快的事实。大家知道，住房市场在某种程度上是和一个国家的经济深层次挂钩的，过度膨胀并不利于我国经济发展。最近我国政府采取了许多措施来抑制房价过快上涨，意欲冷却房市，向社会传递“房住不炒”的理念。

人口老龄化是全球性问题，发达国家像美国、日本等都早早地进入了老龄化社会。我国从20世纪90年代开始出现老龄化趋势并且增速很快。从中国统计年鉴（2020）数据中得知，我国65岁及以上人口从2000年的8821万人增加到2019年的17603万人，占总人口的比例由7%上升为12.6%，其程度已经开始超越许多发达国家，我国已经明显表现出老龄化迹象，这对我们日常生活以及宏观经济的影响已经不可忽视了。翟振武、陈佳鞠和李龙（2016）指出老龄化的直接后果就是社会抚养压力加重，养老负担与抚幼负担相互交织，需要采取积极的应对策略。

在政府意欲冷却房市的政策背景以及人口老龄化的社会背景下，研究住房与老龄化二者的关系非常有现实意义。本章试图分析影响我国住房需求和住房投资的人口年龄结构因素，并且通过相关分析来给出一些政策建议。

二、文献综述

国外关于人口老龄化对住房需求、住房投资的研究由来已久。首先是Mankiw和Weil（1989）将人口因素纳入对于住房投资的影响因素中来，开创了崭新的研究视角，为后续这方面的研究做了铺垫。

（一）国外相关文献综述

Mankiw和Weil（1989）通过分析20世纪美国“婴儿潮”时期到“生育低谷期”的这一段时间的生育状况和真实房价的关系，预测房价会继续下跌。之后Hendershott和Green（1993）通过1980年的人口普查微观数据来测量年龄结构对真实房价的影响并且加入了总收入的因素，Hendershott和Green（1996）在之后的一篇文章中又加入了教育的因素来控制模型，并且得出结论：虽然人口结构变动不会显著影响总住房需求，但还是会显著地改变住房的结构。Bakshi 和 Chen（1994）研究了美国人口结构因素对资本市场的影响，其中主要是住房市场。通过生命周期假说和风险偏好假说验证了随着平均年龄的增长会导致人们将资产配置在住房之外的金融资产上，导致房价下降。Bergantino（1998）研究了美国人口结构与资产（包括股票、债券、住房）价格之间的关系。发现户主年龄在 40 岁以下和 60 岁以上的家庭会更倾向于消耗金融市场的信贷额，而户主年龄在 40 ~ 60 岁的家庭则会向金融市场提供信贷额，并且通过实证分析得出了人口因素的确会影响真实房价的结论。Lindh 和 Malmberg（2008）通过利用瑞典的时间序列数据以及 OECD（经济合作与发展组织）面板数据估计了住宅建设和人口年龄结构的关系，并且得出了二者有显著关系甚至得出年龄对住宅投资的影响比房价对住宅投资的影响效果更强大的结论。Simo-Kengne 和 Beatrice D（2019）使用了省级数据，在控制了内生性、异质性和空间效应后，得出结论：人口的老龄化对南非的大户型和中户型房屋的价格有抑制作用，而对小户型的房屋几乎没什么作用。对小户型房屋没有影响的可能原因是搬迁效应即老年人退休后习惯搬到小户型房居住造成小户型房的需求上升从而抵消了房价的下降。

（二）国内相关文献综述

国内关于人口年龄结构对住宅需求、住宅投资的影响的研究相较于国外起步较晚。陈钊（1997）在我国住房制度改革的时代背景下研究我国居民住房市场消费，并指出住房消费和其他商品消费有共同点也有不同点，共同点在于作为商品二者都提供一种服务，但住房消费这种商品还受到人口因素包括人口总量因素和人口结构因素的显著影响。孟星（2000）则指出，除了年龄结构的影响还有家庭规模、家庭结构、人口流动、人口职业等因素会影响住房需求。朱喆（2005）针对我国住房制度改革后房价飞涨的原因做了相关研究，发现年龄结构是一个重要因素。李超、倪鹏飞和万海远（2015）利用了面板数据和地理加权回归模型从空间和时间多方面综合考量了影响住房消费的因素，并且得出结论：人口数量、居民的收入分配、人力资本和人口抚养比都对其有重大影响。其中人口抚养比采用非在业人口比上在业人口，一定程度上反映了老龄化的程度。陈斌开、徐帆和谭力（2012）利用人口普查的微观数据研究了中国人口结构转变和住房需求的关系，得出结论：我国住房需求与年龄高度相关，并且指出个人的住房需求在 20 岁之后快速上升，50 岁之后逐渐下降，然后根据我国人口老龄化的背景作出预测：我国的住房需求增长率会大幅下降。陈彦斌和陈小亮（2013）基于历史经验和国际经验构建模型，预测了未来人口老龄化对我国住房需求的影响，并且预测人口老龄化对住房需求的负向影响是有的，但是要在 2045 年以后才会显现出来，因为在这以前我国城镇化和家庭规模小型化将持续助推住房需求增加。黄燕芬和陈金科（2016）根据绝对收入消费理论、生命周期理论、收入代际转移的利他主义理论推导了住房消费函数，并特别研究了我国“二孩”政策对住房消费的影响效果。得出了老年抚养比影响住房消费的拐点论：在 2023 年我国还未达到老年抚养比的拐点，住房消费随老年抚养比上升而上升即人口老龄化会增加住房消费，而当其到达拐点时，住房消费随老年抚养比上升而下降，即此时人口老龄化会降低住房消费。还得出了少儿抚养比影响住房消费的瓶颈论：当城镇年均可支配收入没有到达 15674. 21 元的瓶颈时，少儿抚养比对住房消费有负向的影响，而突破这个瓶颈后，少儿抚养比对住房消费有正向的影响。Meng Li 和 Kunrong Shen（2013）采用了世代交叠模型考察了人口转型对住房消费的影响，同样得到了老年抚养比与住房消费之间的非线性关系，即存在所谓拐点。陈春流和卢万青（2017）选用了 2011 年的 CHFS 数据并且利用 Probit 模型实证分析了家庭人口特征与住房需求间的关系，得出结论：少儿人口增加和老龄化加深均会抑制住房需求，劳动人口占比会促进住房需求。朱琳琳等（2019）构建了由微观至宏观的房地产市场模型，并且创造性地分别探讨了部分实行生育补贴政策、全部实行生育补贴政策以及不实行生育补贴政策三种情况下的影响。周建军、曹文凯和梁丽利（2019）从人口的自然结构、社会结构、空间结构三个方面对影响房价的因素进行了分析。徐翌（2021）以代际互动作为联系老龄化和住房消费的桥梁并构建 LC/PIH 理论模型进行实证分析，得出结论：代际互动行为显著推动了子代住房消费，并降低了子代非住房消费比例；子代的可支配收入和净资产水平是代际互动和住房消费的核心影响因素，有更高可支配收入和净资产水平的家庭往往会降低租金消费，增加购房消费和投资消费；进一步分析表明，人口老龄化会增加租金消费，抑制购房消费和投资消费。

现在国内关于人口年龄结构对住房需求住房投资的影响的研究多从宏观层面入手，采用统计年鉴的宏观数据进行实证研究而忽视了微观层面，少有学者通过 PSM 倾向性得分匹配的方法来缓解内生性问题。所以本章基于 CHFS 的微观数据，试图以家庭为单位从微观层面研究老龄化对住房投资的影响，并且通过加入解释变量的平方项来验证家庭人口老龄化和家庭住房投资之间的一种非线性关系。

三、变量选取、数据来源与模型构建

（一）数据选取

本章选用中国家庭金融调查（CHFS）2017 的数据，该问卷数据由西南财经大学中国家庭金融调查与研究中心通过实地调研完成，此次调查随机抽取了 29 个省、自治区、直辖市，调研覆盖了 40011 户家庭，包含 127012 名个体。该调查问卷包含受访家庭成员的基本信息、工作及收入信息、受访家庭的资产和负债信息、受访家庭的保险与保障情况、受访家庭的收入与支出情况、受访家庭的金融知识、基层治理与主观态度。数据的可信度、接受度、适用性较好。由于户主通常是对一家经济情况最了解的人，所以本章以户主数据代表家庭。并且本章借鉴陈春流和卢万青（2017）的做法，剔除家庭收入等于 0 和户主年龄小于 20 岁的样本以及一些在关键问题上有缺失值的样本，最终选取 36621 户家庭的数据。

（二）变量选取

1. 解释变量

本章的解释变量参照之前学者的成果，采取老龄人口比以及户主年龄这两个变量来衡量家庭老龄化的程度。之所以以户主代替家庭是因为户主通常最了解家庭经济状况，也是主要家庭经济决策的制定者。通常住房投资都以家庭为单位，很难去验证个人的住房需求，所以在本章中以户主代替家庭来做实证研究。

2. 被解释变量

本章的被解释变量是家庭拥有自住房的情况，分为三个，第一是家庭是否有自住房，以问卷中的问题“您家是否拥有自住房”来衡量，拥有自住房取 1，否则取 0。第二是家庭拥有的自住房数量，以问卷中的问题“您家一共拥有几套住房，不包括租来的房子”来衡量。第三是家庭是否有超过一套自住房，若自住房数量超过或等于两套则取 1，否则取 0。

3. 控制变量

本章考虑的控制变量包括家庭总收入、受教育程度、性别、地区、户籍、户主婚姻状况、风险态度等。

解释变量、被解释变量、控制变量定义，如表 6－1 所示。

表 6－1　　变量定义

变量类型	变量	变量名称	变量说明
解释变量	*Old*	老龄人口比	家庭中年龄超过 60 岁的人口数量比上家庭成员数量
	Holder_age	户主年龄	户主年龄
被解释变量	*House*	是否有自住房	拥有自住房取 1，反之取 0

续 表

变量类型	变量	变量名称	变量说明
被解释变量	*Housenum*	自住房数量	家庭拥有自住房的数量，有一套取1，有两套取2，依此类推
	Investhouse	是否有超过一套自住房	家庭的自住房数量大于等于2，取1；家庭的自住房数量小于等于1，则取0
控制变量	*Totalincome*	家庭总收入	对家庭总收入做对数化处理
	Education	受教育程度	户主受教育程度没上过学取1，小学取2，初中取3，高中取4，中专/职高取5，大专/高职取6，大学本科取7，硕士研究生取8，博士研究生取9
	Gender	性别	户主性别，男性取1，女性取0
	Health	健康状况	户主身体健康状况1~5，数值越大身体状况越好
	Region	地区	住房在东部取1，西部取0
	Member	家庭成员数量	家庭成员的数量
	Marry	户主婚姻状况	户主的婚姻状况，已婚取1，未婚取0
	Riskappetite	风险态度	风险偏好1~3，数值越小越倾向于风险偏好
	Rural	户籍	农村取1，城市取0
	Teen	少儿人口比	家庭中年龄低于14岁的儿童占家庭人口的比例
	Old^2	老龄人口比的平方	老龄人口比的平方，用于验证非线性关系
	Age^2	户主年龄的平方	户主年龄的平方，用于验证非线性关系

（三）模型构建

由于本章的三个被解释变量的类型不同，所以分别采用不同的模型进行估计。对于第一个和第三个被解释变量——是否有自住房以及是否有超过一套自住房，属于虚拟变量，因此可以采用Probit或者Logit模型进行回归分析，本章为了更好地解释系数的经济含义选择采用Logit模型。对于第二个被解释变量——自住房数量，由于有的家庭可能没有住房即*Housenum*变量有一定概率取到0，是一种受限的因变量，所以采用Tobit模型进行回归分析。

四、实证结果分析

（一）变量的描述性统计

表6-2展示了各个变量的描述性统计。老龄人口比（*Old*）均值为0.288，国际上一般认为年龄在60岁以上的人口比超过10%，则认为该社会进入了老龄化社会，一个家庭的老龄人口比也是一个社会的老龄人口比的反映，所以从这点来看，我国老龄化社会的程度已经较为严重了。是否有自住房（*House*）变量的均值高达0.909，说明我国家庭拥有自住房的占绝大多数，这可能和中国的传统家庭观念有关。受教育程度（*Education*）这一变量，平均值为3.47，说明其实我国受教育程度还没有想象的那么高，平均处于高中与初中之间。85.8%的户主是已婚的。79.7%的户主是男性。风险态度即平均风险偏好程度是2.494，所以大部分家庭是风险厌恶型的。

表6-2　　变量的描述性统计

变量	均值	标准差	最小值	最大值
老龄人口比	0.288	0.384	0	1
户主年龄	53.115	14.006	20	115
是否有自住房	0.909	0.288	0	1
自住房数量	1.23	0.549	0	27
是否有超过一套自住房	0.269	0.443	0	1
少儿人口比	0.107	0.156	0	0.778
家庭总收入	10.657	1.503	-1.743	15.425
受教育程度	3.47	1.688	1	9
性别	0.797	0.402	0	1
健康状况	0.3999	1.009	1	5
地区	0.744	0.437	0	1
家庭成员数量	3.443	1.835	1	27
户主婚姻状况	0.858	0.349	0	1
风险态度	2.494	0.713	1	3
户籍	0.315	0.464	0	1

表6-3展示了主要变量之间的相关系数，在不考虑显著性的情况下，可以发现老龄人口比与被解释变量（是否有自住房、自住房数量、是否有超过一套自住房）的相关系数都为负，浅显地表明了老龄化与住房投资存在一定的负向关系。同样户主年龄也都和这三个被解释变量有负向关系。而少儿人口比则和这三个被解释变量存在一定的正向促进关系。

表6-3　　主要变量之间的相关系数矩阵

	Old	*Holder_age*	*Teen*	*House*	*Housenum*	*Totalincome*	*Investhouse*	Old^2
Old	1							
Holder_age	0.836	1						
Teen	-0.351	-0.393	1					
House	-0.0439	0.0267	0.0443	1				
Housenum	-0.107	-0.0938	0.0573	0	1			
Totalincome	-0.182	-0.190	0.0923	0.0666	0.238	1		
Investhouse	-0.0704	-0.0914	0.0283	-0.523	0.856	0.159	1	
Old^2	0.970	0.649	-0.358	-0.0612	-0.114	-0.188	-0.0676	1

（二）家庭老龄人口比对家庭住房投资的影响

表6-4显示的是家庭老龄人口比对家庭住房投资的影响。可以看出老龄人口比对是否有自住房、自住房数量这两个被解释变量的影响都在1%水平下显著，并且系数都为正值，也就是说家庭老龄人口比会促进家庭住房投资，这与国际经验不同，我国之前有些学者如徐建炜、徐奇渊和何帆（2012）以及陈国进、李威和周洁（2013）研究得出的结论都是老龄人口抚养比会促进住房需求上升、促进房价上涨。并且对于是否有自住房（*House*）这个变量，每当老龄人口比上升一个单位，家庭拥有自住房的概率就会提高3.026%。而老龄人口比对是否有超过一套自住房这个变量的影响是不显著的，也就是说老龄人口比不一定会促进家庭拥有两套及以上自住房。并且我们要特别注意老龄人口比的平方（Old^2）这个变量，该变

量用于描述家庭老龄人口比和家庭住房投资的一种非线性关系。老龄人口比的平方（Old^2）对于是否有自住房以及自住房数量的影响都在 1% 的水平下显著，并且系数的符号为负，这表现了家庭老龄人口比和家庭住房投资之间的一种“倒 U”形关系。也就是说当老龄人口比开始上升时，会促进家庭的住房投资，但当达到拐点时，随着家庭老龄化程度加重，会抑制家庭的住房投资。

表 6－4　　　　家庭老龄人口比对家庭住房投资的影响

变量名称	被解释变量		
	① 是否有自住房	② 自住房数量	③ 是否有超过一套自住房
老龄人口比	3.026*** (0.426)	0.219*** (0.0627)	-0.203 (0.256)
老龄人口比的平方	-2.910*** (0.427)	-0.295*** (0.0611)	-0.128 (0.261)
家庭总收入	0.162*** (0.0180)	0.0731*** (0.00513)	0.125*** (0.0216)
健康状况	0.0166 (0.0331)	0.0169*** (0.00555)	0.0509** (0.0243)
受教育程度	0.0165 (0.0178)	0.0196*** (0.00386)	0.0632*** (0.0135)
性别	-0.0437 (0.0716)	-0.0140 (0.0144)	-0.0390 (0.0538)
地区	-0.00819 (0.0712)	-0.00962 (0.0129)	-0.0190 (0.0530)
户主婚姻状况	0.947*** (0.0734)	0.0371** (0.0176)	-0.366*** (0.0622)
风险态度	0.0537 (0.0422)	-0.0327*** (0.00895)	-0.0950*** (0.0314)
户籍	1.586*** (0.134)	0.00672 (0.0124)	-0.600*** (0.0736)
Constant	-1.139*** (0.246)	0.356*** (0.0572)	-1.940*** (0.254)

注：括号中数值是标准差；* $p<0.1$，** $p<0.05$，*** $p<0.01$。

关于控制变量方面，家庭总收入对于这三个被解释变量的影响都在1%的水平下显著，并且是正向的影响。这也与我们的常识一致：一个家庭的财富越多，则其承受风险的能力越强，也越可能将更多的财产进行住房投资。性别对于家庭住房投资的影响并不显著。风险态度对于是否有自住房并无显著影响，因为可能对于很多中国家庭来说，第一套住房是刚需，而对于自住房数量和是否有超过一套自住房这两个变量有负向影响，说明随着对风险的厌恶程度加重，则会抑制多套住房的投资。而健康状况以及受教育程度都对自住房数量以及是否有超过一套自住房有显著影响，越健康、受教育程度越高的人，则越倾向于投资多套住房。

（三）户主年龄对家庭住房投资的影响

表6－5描述的是户主年龄对于家庭住房投资的影响，与老龄人口比一样，户主年龄同样对是否有自住房以及自住房数量都在1%的显著性水平下有正向影响，户主年龄每上升一岁，拥有自住房的概率便增加0.142%。而对于是否有超过一套自住房这个变量，户主年龄则在1%的显著性水平下有负向影响。在这个模型中，户主年龄的平方的系数是负的并且在1%的水平下显著，所以可以验证家庭人口老龄化与家庭住房投资之间的一种“倒U”形关系。即随着户主年龄的增加，家庭对于住房的投资需求会增加，可当年龄增加到一定程度时这种投资需求便会下降。同样家庭总收入仍是影响家庭住房投资的重要因素。

表6－5　户主年龄对家庭住房投资的影响

变量名称	被解释变量		
	① 是否有自住房	② 自住房数量	③ 是否有超过一套自住房
户主年龄	0.142*** (0.0108)	0.0131*** (0.00234)	－0.0322*** (0.00931)

续 表

变量名称	被解释变量		
	① 是否有自住房	② 自住房数量	③ 是否有超过一套自住房
户主年龄的平方	-0.00103*** (0.000105)	-0.000116*** (0.0000219)	0.000205** (0.0000941)
老龄人口比的平方	-0.654*** (0.116)	-0.0816*** (0.0170)	-0.1000 (0.0904)
家庭总收入	0.162*** (0.0180)	0.0745*** (0.00516)	0.136*** (0.0215)
健康状况	0.117*** (0.0345)	0.0203*** (0.00572)	0.0227 (0.0249)
受教育程度	0.112*** (0.0193)	0.0232*** (0.00398)	0.0352** (0.0142)
性别	0.0112 (0.0709)	-0.0134 (0.0144)	-0.0461 (0.0538)
地区	-0.0888 (0.0730)	-0.0156 (0.0129)	-0.00548 (0.0533)
户主婚姻状况	0.617*** (0.0783)	0.0147 (0.0180)	-0.298*** (0.0653)
风险态度	-0.0759* (0.0454)	-0.0371*** (0.00905)	-0.0612* (0.0321)
户籍	1.600*** (0.134)	0.00667 (0.0124)	-0.603*** (0.0740)
Constant	-5.220*** (0.366)	0.0167 (0.0844)	-0.996*** (0.340)

注：括号中数值是标准差；* $p<0.1$，** $p<0.05$，*** $p<0.01$。

（四）内生性检验

为了缓解样本选择的内生性问题，本章选择采用 PSM 倾向性得分匹配法。该方法应用样本配对使得定量估计能够在相似的样本之间模拟一个随机抽样的环境，从而排除老龄化之外的因素对住房投资的影响。我们从家庭成员数量、户主婚姻状况、家庭总收入、性别、受教育程度、风险态度等因素来从处理组中找到能和对照组匹配但是没有进入老龄化的家庭。在数据集中，有 52.84% 的家庭老龄人口数为 0，有 21.65% 的家庭老龄人口数为 1，有 24.91% 的家庭老龄人口数为 2，老龄人口超过 2 的家庭数据较少，总计占比不到 1%，且有 87.12% 的家庭成员数量在 5 人以内。因此可以认为当家庭中老龄人口超过或等于 2 时，家庭进入老龄化。本章创建了一个以家庭中老龄人口数是否大于等于 2 来判断家庭是否进入老龄化的哑变量 *Famliy_ old*。

1. **平衡性检验**

倾向值匹配需要通过“平衡性检验”，在匹配前，处理组（Treated）和对照组（Control）有显著差异，匹配后控制变量几乎无差异，表示该方法减少了样本间的内生性影响，可以有效衡量家庭人口老龄化对家庭住房投资的影响。检验结果如表 6 -6 所示。

表 6 -6　　平衡性检验 1

Variable	Unmatched Matched	*Mean*1		% *bias*	*t* - test
		Treated	Control		*P* > | *t* |
Member	U	3.1134	3.1684	-3.2	0.033
	M	3.114	3.1574	-2.5	0.155
Marry	U	0.98031	0.79147	62.2	0.000
	M	0.9803	0.97542	1.6	0.081
Totalincome	U	10.626	10.768	-9.8	0.000
	M	10.626	10.621	0.4	0.848
Gender	U	0.85642	0.75548	25.7	0.000
	M	0.85634	0.86447	-2.1	0.217
Education	U	3.2899	3.7879	-29.3	0.000
	M	3.2911	3.2806	0.6	0.724

续　表

Variable	Unmatched Matched	Mean1		% bias	t - test
		Treated	Control		P > | t |
Health	U	3.2593	3.5215	-26.4	0.000
	M	3.2606	3.1818	7.9	0.000
Region	U	0.75926	0.74624	3.0	0.052
	M	0.75913	0.75352	1.3	0.493
Riskappetite	U	2.7547	2.5157	37.5	0.000
	M	2.7546	2.7514	0.5	0.754

可以通过表6－6以及图6－1看出，在数据匹配后偏差明显减小并且大都集中在±10%以内，但在匹配前*P*值几乎都等于0，样本有显著差异，而匹配后样本则无显著差异即通过平衡性检验。

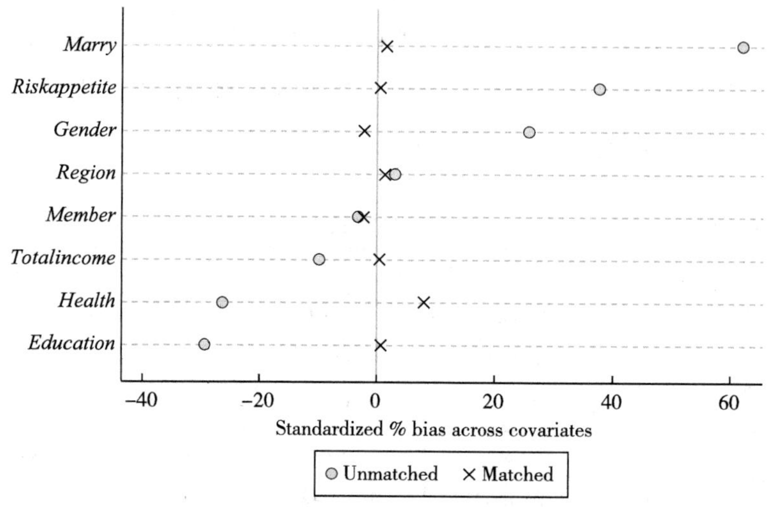

图6－1　匹配前后偏差图1

为了进一步验证稳定性，创建*Dummy－old*变量，以户主年龄是否大于60岁作为家庭进入老龄化的代理变量进行匹配。检验结果如表6－7所示。

根据表6－7和图6－2显示，其结果和前面基本一致，可以认为该PSM估计通过了平衡性检验。

表 6－7　　平衡性检验 2

Variable	Unmatched Matched	*Mean*1		% *bias*	*t*－test
		Treated	Control		*P*＞丨*t*丨
Member	U	2. 6803	3. 417	－44. 6	0. 000
	M	2. 6847	2. 7088	－1. 5	0. 332
Marry	U	0. 78164	0. 86937	－23. 3	0. 000
	M	0. 7837	0. 77163	3. 2	0. 067
Totalincome	U	10. 405	10. 915	－34. 9	0. 000
	M	10. 409	10. 407	0. 1	0. 933
Gender	U	0. 75593	0. 79397	－9. 1	0. 000
	M	0. 75717	0. 77075	－3. 3	0. 044
Education	U	3. 0539	4. 0024	－57. 2	0. 000
	M	3. 0594	3. 0914	－1. 9	0. 170
Health	U	3. 1927	3. 6026	－41. 7	0. 000
	M	3. 1979	3. 1392	6. 0	0. 000
Region	U	0. 76571	0. 74047	5. 9	0. 000
	M	0. 76547	0. 76999	－1. 1	0. 499
Riskappetite	U	2. 7833	2. 4595	50. 8	0. 000
	M	2. 7827	2. 779	0. 6	0. 660

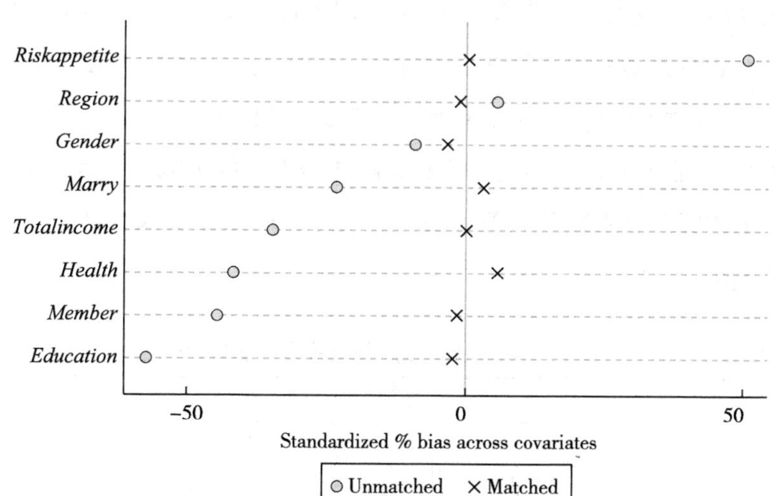

图 6－2　匹配前后偏差图 2

2. 倾向性得分匹配估计结果

表 6－8　　倾向性匹配得分的处理效应

处理变量	因变量	匹配方法	ATT		标准差	T 值
			Treated	Control		
Famliy_old	*Investhouse*	最近邻匹配	0.240	0.265	0.010	－2.47**
Dummy－old	*Investhouse*	最近邻匹配	0.236	0.267	0.010	－3.42***

从表 6－8 所反馈的回归结果可以看出，经过最近邻匹配方法处理过后的处理组参与者处理效应分别为 0.24 和 0.236，并且分别在 5% 和 1% 的显著性水平上显著，所以可以认为家庭老龄化对家庭住房投资有影响的结论是成立的，内生性的问题在一定程度上缓解了。

（五）稳健性检验

从以上基准回归估计结果可以发现，老龄人口比以及户主年龄对家庭住房投资有显著的正向影响，并且这种影响呈“倒 U”形。但对这一发现还须谨慎，为进一步证实基准模型的结论的可靠性，将解释变量——老龄人口比（*Old*）改为老年抚养比（*Odr*）即老龄人口占劳动人口的比例（该比例越大表明劳动人口的抚养压力越大，该比例是从经济角度反映人口老化社会后果的指标之一）来对被解释变量做回归分析。

表 6－9 显示的是老年抚养比对家庭住房投资的影响。从表中可以看出解释变量的回归结果以及显著度都与之前样本的回归结果一致，所以可以认为结果是稳健的。

表 6－9　　老年抚养比对家庭住房投资的影响

变量名称	被解释变量		
	① 是否有自住房	② 自住房数量	③ 是否有超过一套自住房
老年抚养比	1.212*** （0.217）	0.0766** （0.0326）	－0.140 （0.132）

续 表

变量名称	被解释变量		
	① 是否有自住房	② 自住房数量	③ 是否有超过一套自住房
老年抚养比的平方	-0.507*** (0.118)	-0.0299* (0.0180)	0.0663 (0.0719)
家庭总收入	0.152*** (0.0193)	0.0811*** (0.00597)	0.163*** (0.0248)
健康状况	0.00280 (0.0374)	0.0187*** (0.00650)	0.0624** (0.0267)
受教育程度	-0.00520 (0.0198)	0.0218*** (0.00452)	0.0773*** (0.0148)
性别	-0.0111 (0.0791)	-0.0117 (0.0169)	-0.0481 (0.0588)
地区	0.0403 (0.0778)	-0.0146 (0.0147)	-0.0604 (0.0571)
户主婚姻状况	1.075*** (0.0802)	0.0447** (0.0217)	-0.405*** (0.0689)
风险态度	0.0275 (0.0446)	-0.0307*** (0.00969)	-0.0741** (0.0329)
户籍	1.777*** (0.164)	0.00172 (0.0140)	-0.583*** (0.0784)
Constant	-0.983*** (0.270)	0.243*** (0.0671)	-2.457*** (0.290)

注：括号中数值是标准差；* $p<0.1$，** $p<0.05$，*** $p<0.01$。

（六）异质性分析

在控制其他变量不变后对子样本分性别、分地区进行估计老龄人口比以及户主年龄对家庭住房投资的影响，对基准模型的结果进行进一步异质性分析。

1. 分地区回归

在控制其他变量后，通过将地区划分为东部和西部来进一步验证回归结果的稳定性。表 6 – 10 显示了东部地区和西部地区老龄人口比及其平方这两个变量对家庭住房投资的影响的子样本回归结果。表 6 – 11 显示了东部和西部地区户主年龄对家庭住房投资的影响的子样本回归结果。不管是老龄人口比对家庭住房投资的显著正向影响及老龄人口比与家庭住房投资的“倒 U”形非线性关系，还是户主年龄对家庭住房投资的显著正向影响以及户主年龄与家庭住房投资的“倒 U”形非线性关系，结果仍然与之前的大样本回归结果一致。

表 6 – 10　东、西部地区家庭老龄人口比对家庭住房投资的影响

变量名称	东部			西部		
	是否有自住房	自住房数量	是否有超过一套自住房	是否有自住房	自住房数量	是否有超过一套自住房
老龄人口比	3.088 *** (0.496)	0.181 ** (0.0714)	−0.316 (0.294)	2.794 *** (0.837)	0.315 ** (0.129)	0.132 (0.524)
老龄人口比的平方	−3.040 *** (0.495)	−0.262 *** (0.0701)	0.0208 (0.299)	−2.399 *** (0.848)	−0.372 *** (0.123)	−0.624 (0.540)
Constant	−1.155 *** (0.285)	0.291 *** (0.0700)	−2.150 *** (0.307)	−1.081 ** (0.479)	0.494 *** (0.0984)	−1.468 *** (0.453)

注：括号中数值是标准差；* $p<0.1$，** $p<0.05$，*** $p<0.01$；由于篇幅原因控制变量未列出。

表 6 – 11　东、西部地区户主年龄对家庭住房投资的影响

变量名称	东部			西部		
	是否有自住房	自住房数量	是否有超过一套自住房	是否有自住房	自住房数量	是否有超过一套自住房
户主年龄	0.150 *** (0.0127)	0.0136 *** (0.00282)	−0.0334 *** (0.0110)	0.124 *** (0.0213)	0.0128 *** (0.00422)	−0.0269 (0.0175)
户主年龄的平方	−0.00111 *** (0.000125)	−0.000128 *** (0.0000267)	0.000205 * (0.000112)	−0.000857 *** (0.000205)	−0.0000923 ** (0.0000376)	0.000193 (0.000174)
Constant	−0.0538 (0.0526)	−0.0269 *** (0.0102)	−0.0489 (0.0369)	−0.151 * (0.0899)	−0.0664 *** (0.0197)	−0.0953 (0.0652)

注：括号中数值是标准差；* $p<0.1$，** $p<0.05$，*** $p<0.01$；由于篇幅原因控制变量未列出。

2. 分性别回归

表6－12和表6－13显示的是在控制了其他变量后，分别对男性户主和女性户主进行子样本回归的结果。由于在数据中男性户主的数量明显多于女性，所以表6－12显示的男性户主家庭的老龄人口比结果明显更加稳健一些，基本与之前大样本回归的结果一致。而表6－12中女性户主家庭的老龄人口比对自住房数量的影响系数虽仍为正，但并不显著。这可能与女性投资观念通常较为保守有关系，她们对于投资更为小心谨慎，对于是否有自住房这个变量的影响是显著的，但老龄化并不会促使她们增加家庭住房投资。

表6－12　男、女户主家庭老龄人口比对家庭住房投资的影响

变量名称	男性户主			女性户主		
	是否有自住房	自住房数量	是否有超过一套自住房	是否有自住房	自住房数量	是否有超过一套自住房
老龄人口比	2.899*** (0.504)	0.225*** (0.0717)	－0.0681 (0.297)	3.334*** (0.800)	0.206 (0.128)	－0.531 (0.511)
老龄人口比的平方	－2.901*** (0.508)	－0.305*** (0.0701)	－0.226 (0.305)	－3.003*** (0.791)	－0.273** (0.124)	0.138 (0.509)
Constant	－0.919*** (0.293)	0.351*** (0.0654)	－2.530*** (0.319)	－1.989*** (0.465)	0.337*** (0.113)	－0.634 (0.408)

注：括号中数值是标准差；* $p<0.1$，** $p<0.05$，*** $p<0.01$；由于篇幅原因控制变量未列出。

表6－13　男、女户主年龄对家庭住房投资的影响

变量名称	男性户主			女性户主		
	是否有自住房	自住房数量	是否有超过一套自住房	是否有自住房	自住房数量	是否有超过一套自住房
户主年龄	0.146*** (0.0139)	0.0153*** (0.00289)	－0.0226* (0.0115)	0.138*** (0.0178)	0.00882** (0.00408)	－0.0518*** (0.0157)
户主年龄的平方	－0.00108*** (0.000138)	－0.000135*** (0.0000276)	0.000128 (0.000117)	－0.000966*** (0.000169)	－0.0000759** (0.0000357)	0.000359** (0.000154)
Constant	－4.926*** (0.444)	－0.0344 (0.0979)	－1.883*** (0.423)	－6.019*** (0.666)	0.0962 (0.171)	0.859 (0.562)

注：括号中数值是标准差；* $p<0.1$，** $p<0.05$，*** $p<0.01$；由于篇幅原因控制变量未列出。

表 6－13 显示了男性户主和女性户主年龄对家庭住房投资影响的子样本回归，可以看出二者的结果与之前大样本的回归结果几乎一致，所以结果具有一定的稳健性。

（七）家庭人口老龄化对家庭住房投资的影响机制分析

在众多对家庭住房投资影响因素的讨论中像城市化论、货币决定论或者土地制度论都不能很好地解释近年来不断上涨的住房需求以及房价的上涨。通过上面的实证分析可以发现，我国面临的这种老龄化的社会现象或者说人口结构的转变很可能是影响家庭住房投资的重要因素。因此我们可以基于生命周期理论来分析家庭人口老龄化对家庭住房投资的影响机制。所谓生命周期理论是指，一个人的一生一般都会经历少年期、青壮年期、老年期三个阶段，理性的人一般都会合理地安排自己的投资与消费使得整个生命周期的消费、资产配置尽量完美。通常个人在少年期是没有劳动能力、没有收入来源的，生活上主要依靠父母的收入；个人在青壮年期有了劳动能力，并通过自己的收入来进行消费以及投资或者储蓄等行为；老年期劳动能力减弱，消费或投资的资金来源主要依靠青壮年时期的积蓄或者资产财富。

通过上面的实证分析，我们得出家庭人口老龄化对家庭住房投资的影响是一种“倒 U”形的，即随着老龄化程度加重，家庭对住房投资会增加，但当老龄化严重到一定程度时，就会抑制家庭对住房的投资。那么是什么机制促进住房投资，又是什么机制抑制住房投资呢？

1. 老龄化的促进机制分析

第一，在个人的老龄初期，基本上也是下一代人刚步入青年期的时候，此时青年人短时间内通常无法仅靠自己的收入购置属于自己的房产，然而组建一个家庭却通常需要房产，而我国老年人普遍有“利他心理”，即他们总是想着使用自己的积蓄给下一代购置房产。所以老龄化初期可能会促进家庭的住房投资。

第二，由于我国金融市场并不完善，特别是对于这一代从“婴儿潮”走过来的老年人，他们对于金融知识的掌握度普遍较低，对金融市场的参与度也是相当有限，他们投资理财的渠道十分狭窄。在经历了中国这几十年的房地产发展后，老年人普遍认为房产是最稳定的投资，甚至认为住房投资是一种无风险的投资，加之他们普遍的低风险偏好，使得他们在老年期将积蓄投资、释放在房地产市场，促进了住房的投资。

第三，通常我们所说的老龄化社会是一种老人多且小孩少的社会。因此本章继续将家庭少儿人口数量引入模型。表 6 - 14 显示的是家庭少儿人口数对于家庭住房投资的影响，可以看出少儿人口数对于家庭住房投资是在 1% 的水平下呈现显著的负向影响。也就是说家庭中孩子越多，则越会抑制家庭住房投资。所以在老龄化初期，计划生育的政策效果体现了出来，少儿抚养比迅速下降而老年抚养比缓慢上升，劳动人口的抚养压力会相对较小，此时家庭会有更多的资金来投资房产，促进住房投资。

表 6 - 14　　　　家庭少儿人口数对家庭住房投资的影响

变量名称	被解释变量		
	① 是否有自住房	② 自住房数量	③ 是否有超过一套自住房
少儿人口数	-0.602*** (0.0706)	-0.0339*** (0.0124)	0.0601 (0.0440)
家庭总收入	0.126*** (0.0183)	0.0680*** (0.00511)	0.129*** (0.0223)
健康状况	0.0130 (0.0332)	0.0200*** (0.00551)	0.0657*** (0.0242)
受教育程度	0.0326* (0.0179)	0.0239*** (0.00385)	0.0704*** (0.0136)
性别	-0.0917 (0.0721)	-0.0175 (0.0143)	-0.0309 (0.0538)
地区	0.0685 (0.0721)	-0.00239 (0.0132)	-0.0274 (0.0535)

续 表

变量名称	被解释变量		
	① 是否有自住房	② 自住房数量	③ 是否有超过一套自住房
户主婚姻状况	0. 521 *** (0. 0792)	0. 00571 (0. 0187)	-0. 365 *** (0. 0652)
风险态度	0. 105 ** (0. 0416)	-0. 0349 *** (0. 00876)	-0. 122 *** (0. 0308)
户籍	1. 479 *** (0. 135)	-0. 00496 (0. 0125)	-0. 578 *** (0. 0740)
家庭成员数量	0. 523 *** (0. 0424)	0. 0440 *** (0. 00654)	-0. 00415 (0. 0241)
Constant	-1. 636 *** (0. 251)	0. 291 *** (0. 0574)	-2. 090 *** (0. 256)

注：括号中数值是标准差；* $p<0.1$，** $p<0.05$，*** $p<0.01$。

2. 老龄化的抑制机制分析

在前面论证的基础上，以家庭中老龄人数大于等于 2 作为家庭严重老龄化的代理变量来对是否有自住房、自住房数量以及是否有超过一套自住房这 3 个被解释变量进行回归，以此来论证老龄化加重对家庭住房投资的抑制作用。

从表 6 - 15 我们可以发现当老龄化的程度加重，其在 1% 的显著性水平下对自住房数量以及是否有超过一套自住房有显著的负向影响。在 5% 的显著性水平下对是否有自住房有显著的负向影响。

表 6 - 15　　严重老龄化对家庭住房投资的影响

变量名称	被解释变量		
	① 是否有自住房	② 自住房数量	③ 是否有超过一套自住房
严重老龄化	-0. 117 ** (0. 0575)	-0. 0273 *** (0. 00863)	-0. 113 *** (0. 0381)

续　表

变量名称	被解释变量		
	① 是否有自住房	② 自住房数量	③ 是否有超过一套自住房
家庭总收入	0.188*** (0.0138)	0.0768*** (0.00358)	0.183*** (0.0162)
健康状况	0.00901 (0.0246)	0.0157*** (0.00380)	0.0554*** (0.0165)
受教育程度	-0.0124 (0.0142)	0.0208*** (0.00280)	0.0690*** (0.00995)
性别	0.0869 (0.0551)	0.00733 (0.0101)	-0.0350 (0.0390)
地区	-0.0111 (0.0529)	-0.00493 (0.00836)	-0.00120 (0.0359)
户主婚姻状况	0.901*** (0.0574)	0.0478*** (0.0116)	-0.218*** (0.0449)
风险态度	0.0882*** (0.0329)	-0.0305*** (0.00648)	-0.0919*** (0.0224)
户籍	1.354*** (0.0733)	0.0208*** (0.00794)	-0.370*** (0.0419)
Constant	-1.028*** (0.188)	0.312*** (0.0399)	-2.840*** (0.187)

注：括号中数值是标准差；* $p<0.1$，** $p<0.05$，*** $p<0.01$。

相关学者 Bakshi 和 Chen（1994）发现随着年龄的增长，人们会将自己的财富更多地分配在房产以外的财产上。当老龄化发展到一定程度，老龄人口在住房这种资产上可以获得的效益有限，所以之前持有房产的老年人会逐步退出房地产市场。且伴随着老龄化程度加深，老年人对未来的预防动机会更加强烈，因为身体状况，老年人会将积蓄留存起来以应对一些突发状况，导致住房投资会相应减少。

另外根据生命周期理论，一个理性的人应该使自己的财富在整个生命周期里能够得到最优配置。所以，理性的人也有一定的可能在老年后期选择将自己的房屋出售获得大量的资金，以提高自己的生活质量。

五、结论及政策建议

通过 Tobit 和 Logit 两个模型的回归分析，我们发现家庭人口老龄化对家庭住房投资是一种显著的促进影响，但这种促进并不是一成不变的。这两者之间还存在着一种非线性的“倒 U”形关系。老龄化初期会促进家庭住房投资，但随着老龄化程度的加重，老龄化会抑制家庭住房投资。

我国自 20 世纪 70 年代开始实施计划生育政策后，人口的上涨幅度明显下降。并因此导致了近年来少儿抚养比的快速下降和老年抚养比的缓慢上升，进而使得家庭拥有更多的资金进行住房投资。如今在很多家庭看来，住房投资是一种稳赚不赔的买卖，并且因为住房这种投资品的特殊属性（住房是为数不多可以贷款投资的商品），导致了住房投资的需求上升，引起房价的节节攀升。为了响应我国政府冷却房市，坚持“房住不炒”的政策，提出以下对策建议。

（一）市场发展和政府补贴相结合，缓解我国房产市场的空间错配问题

我国房地产市场存在着严重的空间错配问题。目前我国一线城市的房价比其他二、三、四线城市的房价高很多，甚至能高达十倍之多。其主要原因是因为城市化的进程，大家都想在大城市定居，享受大城市优质的教育、医疗资源，这也导致了大城市房价的疯狂上涨。笔者认为解决这个问题的根本出路在于加快小城市的配套资源，在还未发展起来之前可以给在小城市定居的家庭一定的政策补贴，以此来缓解我国房产市场的空间错配问题。

（二）对老年人进行一定的金融知识宣传科普

要适当地给老年人进行一定的金融知识宣传科普，可以通过小区居委

会举办一些活动。之所以要进行金融知识科普，一是老年人已经有一定的经济实力，可以让老年人自己参与到金融市场，以扩展老年人的投资渠道并可增加金融市场的活力；二是可以校正老年人对住房投资收益的预期，而不是传统的“零成本，稳收益”。

（三）建造适合老年人居住的商用公寓

我国一般家庭房屋产权为70年，差不多覆盖了三代人的居住时间。其实可以通过建造适合老年人居住的商用公寓，学习外国的“以房养老”模式，加快房屋产权的更替。

第七章　人口老龄化对商业保险需求的影响

随着人口老龄化进程加快，基本社会保障压力增加，老年人无论从健康还是养老方面对保险的需求都在扩大，但家庭对商业保险的需求低迷。本章基于2018年中国家庭追踪调查（CFPS）数据，选取家庭是否有老年人、老年人数和老龄人口占比三个指标来衡量人口老龄化程度，分别研究了人口老龄化对家庭是否购买商业保险和购买商业保险支出规模的影响。结果表明，人口老龄化对家庭商业保险购买意愿和规模都具有显著的抑制作用，对城乡家庭的抑制程度存在差异；同时发现风险意识和家庭人均收入是人口老龄化现象抑制家庭商业保险需求的中介。本章研究结果有助于更好地认识家庭商业保险需求不足的原因，对保险公司丰富产品类型和相关政府部门制定对策具有一定的启示作用。

一、引言

我国人口结构已随着时代的进步出现显著变化，具体体现在老龄人口占总人口的比重上升、家庭规模逐渐缩小以及低生育率等。中国作为人口大国，人口红利和劳动力充足无疑是巨大优势，伴随而来的还有巨大挑战。联合国教科文组织规定，一个国家或地区60岁及以上人口占该国或地区人口总数的10%以上（含10%），或者一个国家或地区65岁及以上人口占该国或地区人口总数的7%以上（含7%），则认为该国家或地区进入了老龄化社会。根据统计，我国早在2001年就开始步入了老龄化社会，到2020年老龄化程度还在不断加深。

2019年新中国成立70周年经济社会发展成就系列报告表明：人口老龄化的加速将加大社会保障和公共服务压力，减弱人口红利，持续影响社会活力、创新动力和经济潜在增长率，是进入新时代人口发展面临的重要风险和挑战。进入老龄化社会是一个国家或地区在社会经济发展中无法避免的，但在这个过程中要如何面对挑战、利用优势，需要进一步研究。从图7－1可以看出，2014—2019年我国60周岁及以上的老年人总数不断增加，且在全国人口中的占比增长较快。2021年，中国已进入深度老龄化社会，2033年可能进入超级老龄化社会。随着社会抚养比和养老负担加重，社会保险已无法承载如此庞大的养老需求，商业保险将会成为诸多家庭降低养老压力的重要方式。

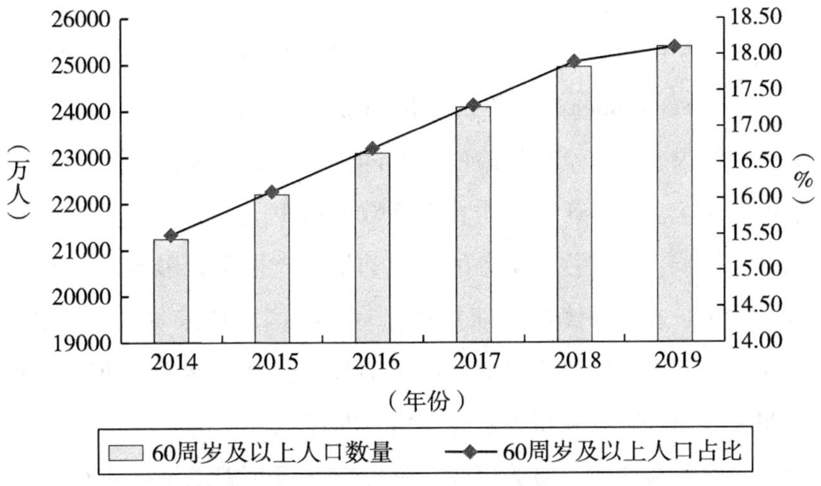

图7－1　2014—2019年老龄人口数量及占比变化

数据来源：中华人民共和国国民经济和社会发展统计公报。

单纯的社会基本保险，无法满足人们多方面、多层次的保障需求，需要其他保障进行补充，而商业保险作为我国社会保障体系的重要组成部分，恰恰起到了很好的补充作用。因此，研究人口老龄化对商业保险需求的影响具有重要的现实意义。

二、文献综述

我国老龄化程度不断加深，老年人口高龄化趋势日益明显，80 岁及以上高龄老人正以每年 5% 的速度递增，到 2040 年将增加到 7400 多万人。我国不仅是人口大国，还是保险大国，进入老龄化的地区越来越多，保险和人口老龄化问题之间的联系也越来越紧密。

关于人口老龄化的研究。主要集中在人口老龄化对社会经济的影响。Jakub 等（2007）对欧洲二十多个国家的人口结构进行研究，发现进入老龄化社会或者主要劳动力老化会抑制经济的发展。郭熙保、李通屏和袁蓓（2013）通过研究也得出相似观点，实证表明人口老龄化会给我国的劳动力供给、资本积累等方面都带来不利的影响。Finke（2011）研究表明，60 岁的居民每增长 1 岁，平均金融知识得分会降低约 1%，从而降低经济决策能力。Thomas Dohmen（2018）利用面板数据，研究年龄与风险态度之间的关系。结果表明，承担风险的意愿随着年龄的增长而下降，人们可能会更加厌恶风险。也有研究表明在大多数发展中国家，随着老年抚养比的大幅增加，可能会对支柱性服务的需求和供给产生重大影响，其中包括医疗保健、住房、收入保障和长期护理。基于我国国情来看，人口老龄化、预期寿命以及养老保险制度对储蓄的影响日益明显，储蓄会随养老保险制度的日趋完善而升高（杨继军和张二震，2013）。

关于家庭购买商业保险的研究。家庭商业保险需求是指家庭在特定时期和一定费率水平上，投保人在保险市场愿意而且有能力购买的保险产品的数量。诸多学者是从个人特征的角度来研究家庭购买商业保险的意愿，如卢亚娟和王家华（2018）研究发现，户主年龄、受教育程度、家庭规模、健康状况以及家庭年收入等对各类家庭购买商业保险都有显著影响。Albouy（2001）等通过实证分析发现，家庭购买商业保险的意愿会随家庭收入或资产积累的增多而提高。桑林（2019）通过研究发现，整体幸福感越强的家庭，对商业保险的购买意愿越高。此外，金融素养的提升和风险偏好的增加对商业保险的参与率和参与深度均有提高，并且风险态度在家庭商业保险参与过程中充当着中介的角色（周弘和夏鸣，2020）。高雅等（2019）通过研究也表示，金融素养和互联网的使用对家庭商业保险购买行为会产生正向影响。王晓全、贾昊文和殷崔红（2019）也发现认知能力越高的中老年家庭对商业保险的需求更明显，且持有商业保险的存量也更大。

关于人口老龄化与商业保险需求的研究。通常来说，人口老龄化背景下，人口平均寿命延长面临的风险以及不确定因素更多，需要保障的方面也更多，从而会增加对人身保险以及养老保险的需求（Barry Dixon，2005）。Yuan 和 Jiang（2015）在研究中国商业保险需求的影响因素时也发现，老龄人口占比对商业保险的需求有显著的促进作用，而少儿人口比重则与商业保险需求呈现出明显的负向关系，即人口老龄化会促进中国商业保险的发展。但也存在与之相反的研究结论，邱凤梅（2020）表示家庭中 65 岁及以上老龄人口增加，购买商业保险的可能性显著降低，说明老龄化问题正在影响我国家庭保险资源配置。在人口老龄化背景下，商业保险稳定发展的前提是要理清消费者购买商业保险需求的影响因素。许瑾（2019）利用省际面板数据分析了我国人口结构对保险需求的影响，发现家庭老年抚养比、少儿抚养比以及户主文化水平、家庭收入、城乡地区、婚姻状况等都会对保险需求产生显著影响。王怿丹（2020）分析了各类家庭年龄结构与规模对家庭是否购买商业保险的影响，相对年轻家庭来说，老龄家庭购买商业保险更少。高晶（2019）表示老龄化背景下社会环境变化导致个体购买商业保险的需求增加，个体存在的理性心理和非理性心理压力都可以成为提高商业保险需求的动力。

三、模型与变量

（一）数据和变量

本章数据来源于中国家庭追踪调查（China Family Panel Studies，CFPS）

(2018)。CFPS 由北京大学中国社会科学调查中心（ISSS）实施，样本覆盖中国 25 个省（自治区、直辖市）、162 个县、635 个村，调查对象包含样本 14185 户中的全部家庭成员，样本能够代表大约 95% 的中国人口，数据质量有所保证。人口老龄化是本章研究的解释变量。目前国际上对老年人的界定有两种：一种是 60 岁及 60 岁以上人口，另一种是 65 岁及 65 岁以上人口，本章选取第一种来定义老年人，通过家庭中是否有老年人、老年人数以及老年人在家庭人口总数的占比（老龄人口占比）来衡量人口老龄化程度。家庭对商业保险的需求作为被解释变量，从商业保险的“门槛”和“规模”两个角度，即是否购买商业保险和商业保险支出，进一步控制家庭特征和户主特征的控制变量，由于 CFPS（2018）没有明确对家庭中户主的定位，本章借鉴诸多学者的做法，定义家庭理财问卷的财务回答人为户主。变量定义及说明如表 7－1 所示。

表 7－1　　变量定义及说明

变量	变量说明
是否有老年人	家庭中是否有 60 岁及 60 岁以上人口，若有取 1，否则取 0
老年人数	60 岁及 60 岁以上人口数量
老龄人口占比	60 岁及 60 岁以上人口占家庭总人口的比重
是否购买商业保险	商业保险包括商业医疗保险、汽车险、房屋财产保险、商业人寿保险等；若持有商业保险取 1，否则取 0
商业保险支出	对购买所有商业保险支出金额进行对数化处理
年龄	户主的年龄值
性别	男性取 1；女性取 0
婚姻状况	已婚取 1；其他取 0
受教育程度	文盲或半文盲取 0；小学取 1；初中取 2；高中取 3；大专取 4；大学本科取 5；硕士取 6；博士取 7
家庭规模	家庭人口数量
样本类型	城镇取 1，乡村取 0
家庭金融资产	对家庭持有的所有金融产品的总价值进行对数化处理

续 表

变量	变量说明
家庭储蓄	对家庭拥有的现金及存款总额进行对数化处理
住房总资产	对现在居住房屋的市场总价进行对数化处理

（二）变量的描述性统计

本章利用 CFPS（2018）中的人口数据、家庭经济金融情况数据以及家庭社会经济环境数据，通过处理“拒绝回答”“不知道”以及缺失值的数据后，剩下 13866 户样本家庭。其中有老年人的家庭和没有老年人的家庭比例相当，购买商业保险的家庭占样本家庭的 31. 2%，低于 50%。变量的描述性统计如表 7 –2 所示。

表 7 –2　变量的描述性统计

变量	*Obs*	*Mean*	*Std. Dev.*	*Min*	*Max*
是否有老年人	13866	0. 502	0. 500	0	1
老年人数	13866	0. 803	0. 891	0	5
老龄人口占比	13866	0. 270	0. 352	0	1
是否购买商业保险	13866	0. 312	0. 463	0	1
商业保险支出	13866	2. 519	3. 827	0	11. 51
年龄	13866	50. 14	15. 23	11	95
性别	13866	0. 525	0. 499	0	1
婚姻状况	13866	0. 824	0. 381	0	1
受教育程度	13866	1. 791	1. 410	0	7
家庭规模	13866	0. 518	0. 500	0	1
样本类型	13866	3. 604	1. 903	1	21
家庭金融资产	13866	7. 696	4. 576	0	16. 17
家庭储蓄	13866	6. 965	4. 921	0	16. 01
住房总资产	13866	12. 11	2. 221	0	17. 73

从表 7 –3 核心变量的样本分布情况中可以看出，随着老年人数的增加

以及老龄人口占比的提高，购买商业保险的家庭比例整体呈下降趋势。具体来看，购买商业保险的老年人家庭比例为39.21%，未购买商业保险的无老年人家庭比例为44.79%，均低于50%。横向来看，同一老年人数水平下，购买商业保险的家庭户数均少于未购买商业保险的家庭户数。

表7-3　　核心变量样本分布情况

变量		购买商业保险		未购买商业保险	
		户数	比例	户数	比例
是否有老年人	是	1694	39.21%	5270	55.21%
	否	2626	60.79%	4276	44.79%
老年人数	0	2626	60.79%	4276	44.79%
	1	820	18.98%	2184	22.88%
	2	824	19.07%	2942	30.82%
	3	42	0.97%	132	1.38%
	4	8	0.19%	11	0.12%
	5	0	0	1	0.01%
老龄人口占比	0%~25%	3307	76.55%	5463	57.23%
	26%~50%	781	18.08%	1831	19.18%
	51%~75%	87	2.01%	395	4.14%
	76%~100%	145	3.36%	1857	19.45%

四、实证结果分析

（一）人口老龄化对家庭购买商业保险的影响

在研究人口老龄化对家庭商业保险需求的影响时，首先讨论其对是否购买商业保险产生影响，其次再讨论其对商业保险规模的影响。因此，本部分分析人口老龄化对家庭商业保险需求的“门槛效应”，即探讨人口老龄化对家庭是否购买商业保险的影响。

表7-4显示了人口老龄化对家庭是否购买商业保险影响的回归结果。总体上来看，人口老龄化的三个指标均表现为显著的负向作用，有老年人的家庭购买商业保险的概率更低。列②中家庭老年人数对家庭购买商业保险起到抑制作用，也就是说家庭中老年成员数越多，购买商业保险的可能性越小，这也验证了随着老龄化程度加深，商业保险的需求明显下降这一结论。单方面来看，老年人相对于年轻人来说患病概率更高，死亡风险也较大，因此老年人更需要风险保障，然而表7-4的回归结果却相反，原因在于：一方面，商业保险是一种商业性质的分散风险工具，其费用支出相对基本医疗保险来说更高，保险公司在保证自身利益最大化时，对被保人的年龄进行限制，缩小了被保人的保障范围，导致大部分老年人无法投保，也就降低了对商业保险的购买需求。另一方面，家庭老龄人口越多，则劳动力占比越低，意味着家庭收入来源单一，在基本的家庭日常开支中养老负担加重，无法再拿出多余的资金来购买非必要性的商业保险，进而抑制了商业保险在家庭中的需求。

表7-4　　人口老龄化对家庭购买商业保险的影响

变量	是否购买商业保险		
	①	②	③
是否有老年人	-0.172*** (0.0285)		
老年人数		-0.134*** (0.0164)	
老龄人口占比			-0.511*** (0.0506)
年龄	-0.0142*** (0.00103)	-0.0129*** (0.00105)	-0.0106*** (0.00111)
性别	0.00238 (0.0242)	0.00562 (0.0242)	0.00174 (0.0243)
婚姻状况	0.378*** (0.0367)	0.388*** (0.0365)	0.388*** (0.0366)

续 表

变量	是否购买商业保险		
	①	②	③
受教育程度	0.130*** (0.0103)	0.132*** (0.0103)	0.130*** (0.0103)
样本类型	0.154*** (0.0266)	0.158*** (0.0267)	0.159*** (0.0267)
家庭规模	0.102*** (0.00705)	0.106*** (0.00704)	0.0784*** (0.00683)
家庭金融资产	0.0376*** (0.00454)	0.0374*** (0.00454)	0.0373*** (0.00454)
家庭储蓄	-0.00154 (0.00406)	-0.000949 (0.00407)	-0.000594 (0.00407)
住房总资产	0.0981*** (0.00691)	0.0985*** (0.00693)	0.0972*** (0.00693)
Constant	-2.252*** (0.0984)	-2.336*** (0.0998)	-2.311*** (0.0987)
Observations	13866	13866	13866

注：括号中数值是标准差；*** $p<0.01$，** $p<0.05$，* $p<0.1$。

在控制变量中，户主的年龄与购买商业保险呈反向关系，即户主的年龄越大对商业保险的需求越低，年龄较大的户主家庭通常上有赡养老人的责任，下有抚养子女的义务，相对于购买商业保险可能会更倾向于基本医疗保险等国家补贴的保险。城镇的样本家庭相对于乡村而言对商业保险的需求更明显，这一结论与任丁（2019）的研究结论一致，即人口老龄化在一定程度上会降低中国城乡家庭购买商业保险的意愿。家庭金融资产和住房总资产一定程度上体现了家庭的经济情况，也可以说经济条件较好的家庭对商业保险的需求会更大，因为商业保险在遇险赔偿的基础上，还是一项以获得养老金为主要目的的长期人身险。

（二）人口老龄化对家庭购买商业保险规模的影响

表7－5的估计结果显示，无论采用是否有老年人、老年人数，还是老龄人口占比，这三个解释变量均在1%显著性水平上一致对家庭购买商业保险的支出影响表现出负相关关系，具体系数分别为－0.349、－0.302和－0.770。换句话说，老年人占比越大，家庭购买商业保险支出越少，人口老龄化对家庭购买商业保险支出规模有显著影响。通常认为，老年人会给家庭带来一定的不确定性。首先，随着老年人年龄的增长，家庭在面临失去部分劳动力的同时，可能还要面临老年人生活自理能力的下降，甚至完全失去自理能力，需要聘请专业看护人员或寻求养老服务机构的帮助。其次，老年人的身体新陈代谢速度放缓，身体机能逐渐退化，患病风险提高，因此在早期户主可能会加大对其的支出，降低患病概率，尽量减少未来可能负担的大量养老费用。既往的一些研究也表明，在控制了户主特征等控制变量后，我们常说的“三口之家”会抑制商业养老保险的需求，而以父母为中心，包括已婚子女和其他未婚子女共同生活的家庭则有利于提升对商业养老保险的需求（李莉，2017）。最后，对家庭收入以及风险意识中等偏下的家庭，社会基本保险会成为他们的首选，而对非必要且保费较昂贵的商业保险的需求明显不强。

表7－5　人口老龄化对家庭购买商业保险支出的影响（Tobit）

变量	商业保险支出		
	①	②	③
是否有老年人	－0.349*** （0.0722）		
老年人数		－0.302*** （0.0408）	
老龄人口占比			－0.770*** （0.116）

续 表

变量	商业保险支出		
	①	②	③
年龄	-0.0300*** (0.00253)	-0.0263*** (0.00256)	-0.0249*** (0.00277)
性别	-0.120** (0.0598)	-0.109* (0.0597)	-0.123** (0.0597)
婚姻状况	0.755*** (0.0833)	0.801*** (0.0826)	0.781*** (0.0827)
受教育程度	0.427*** (0.0258)	0.432*** (0.0258)	0.427*** (0.0258)
样本类型	0.511*** (0.0651)	0.518*** (0.0650)	0.517*** (0.0651)
家庭规模	0.257*** (0.0175)	0.267*** (0.0174)	0.206*** (0.0174)
家庭金融资产	0.105*** (0.0115)	0.104*** (0.0114)	0.104*** (0.0115)
家庭储蓄	-0.0105 (0.0105)	-0.00920 (0.0105)	-0.00915 (0.0105)
住房总资产	0.218*** (0.0144)	0.218*** (0.0144)	0.215*** (0.0144)
Constant	-1.683*** (0.220)	-1.908*** (0.223)	-1.718*** (0.219)
Observations	13866	13866	13866

注：括号中数值是标准差；*** $p<0.01$，** $p<0.05$，* $p<0.1$。

户主的受教育程度对家庭购买商业保险和购买规模有正向的推动作用，均在1%的显著性水平上。其所受教育程度越高，知识储备越丰富，金融素养相对越高，更愿意相信保险机构，且对家庭养老责任后续保障有长远考虑，在经济能力允许的情况下更倾向于购买商业保险，购买规模也会更大。

（三）稳健性检验

表7－6分别探究了城镇家庭和乡村家庭购买商业保险的差异性。通过城镇和乡村样本得到的回归结果进一步验证了人口老龄化抑制家庭购买商业保险的需求，同时也表明了基准回归的稳健性。从具体数据来看，城镇家庭样本的三个老龄化指标系数绝对值都大于乡村家庭样本，说明人口老龄化对城镇家庭购买商业保险的负向作用更明显。造成这种现象的原因可能是城镇家庭在社会养老保障中更占优势，如基本养老保险、企业补充养老保险、城镇居民养老保险等更适用于城镇家庭成员、企事业单位职工等。表7－7表明人口老龄化对城镇家庭和乡村家庭购买商业保险规模的影响差异不大，同时再次验证了人口老龄化会显著降低家庭购买商业保险的支出。

表7－6　城乡家庭对购买商业保险的影响差异

变量	是否购买商业保险					
	城镇样本			乡村样本		
	①	②	③	④	⑤	⑥
是否有老年人	－0.489*** (0.112)			－0.250*** (0.0909)		
老年人数		－0.379*** (0.0621)			－0.233*** (0.0523)	
老龄人口占比			－0.981*** (0.174)			－0.586*** (0.150)
Constant	－2.161*** (0.332)	－2.406*** (0.336)	－2.205*** (0.330)	－0.501* (0.300)	－0.682** (0.304)	－0.506* (0.299)
Observations	7180	7180	7180	6686	6686	6686

注：括号中数值是标准差；*** $p<0.01$，** $p<0.05$，* $p<0.1$。

表 7-7　　城乡家庭对购买商业保险规模的影响差异

变量	商业保险支出					
	城镇样本			乡村样本		
	①	②	③	④	⑤	⑥
是否有老年人	-0.204*** (0.0405)			-0.152*** (0.0402)		
老年人数		-0.137*** (0.0228)			-0.134*** (0.0239)	
老龄人口占比			-0.505*** (0.0676)			-0.543*** (0.0772)
Constant	-2.400*** (0.140)	-2.464*** (0.142)	-2.454*** (0.140)	-1.850*** (0.148)	-1.937*** (0.150)	-1.879*** (0.148)
Observations	7180	7180	7180	6686	6686	6686

注：括号中数值是标准差；*** $p<0.01$，** $p<0.05$，* $p<0.1$。

（四）影响机制分析

购买意愿和购买能力构成了消费者的购买需求，因此要研究人口老龄化对家庭商业保险的影响，利用风险意识强弱代指家庭购买商业保险的主体意愿，通过家庭人均收入来衡量家庭的商业保险购买能力。本章选取CFPS（2018）问卷中关于投资风险的问答作为家庭风险意识的替代变量，即“请您判断以下说法是否正确：一般情况下，投资一只股票比投资一只股票型基金的风险小”，认为回答选项为错误的家庭风险意识较强，回答选项为正确或不知道的家庭风险意识较弱。采用家庭人均收入来指代家庭对商业保险的购买能力，对其数据进行对数化处理后，将其作为中介变量。其中路径 a 表示人口老龄化对风险意识的作用，路径 b 表示风险意识对家庭商业保险需求的作用。

表 7－8 是将风险态度作为中介变量，探究家庭中的老年人通过降低家庭风险意愿从而影响对商业保险的购买需求是否有明显的结果，利用是否有老年人的各项系数计算其对商业保险购买需求的中介效应分别为 $(-0.89\times0.136)\div(-0.384)=0.3152$、$(-0.89\times0.416)\div(-0.918)=0.4033$，这意味着是否有老年人对家庭商业保险购买需求和规模的抑制作用分别有 31.52% 和 40.33% 是通过影响家庭的风险态度来实现的。家庭成员风险意识相对薄弱，会导致家庭购买商业保险的意愿降低，研究表明人口老龄化会降低居民总体投资风险偏好度（齐明珠和张成功，2019）。家庭中有老年人或者老年人数较多对家庭资产的稀释更显著，此时家庭成员的风险偏好会降低，因为家庭老龄成员身体状况具有不确定性，以备不时之需，家庭成员投资行为会比较保守。

表 7－8　风险态度作为中介变量的影响机制检验

变量	是否购买商业保险			商业保险支出		
	路径 a	路径 b	总效应 c	路径 a	路径 b	总效应 c
是否有老年人	-0.890^{**} (0.0414)	0.136^{***} (0.0419)	-0.384^{***} (0.0395)	-0.890^{**} (0.0414)	0.416^{***} (0.118)	-0.918^{***} (0.107)
老年人数	-0.399^{*} (0.0235)	0.137^{***} (0.0419)	-0.248^{***} (0.0226)	-0.399^{*} (0.0235)	0.417^{***} (0.117)	-0.340^{***} (0.0715)
老龄人口占比	-0.195^{***} (0.0601)	0.127^{***} (0.0423)	-0.821^{***} (0.0780)	-0.195^{***} (0.0601)	0.444^{***} (0.118)	-0.819^{***} (0.199)

注：括号中数值是标准差；$^{***}p<0.01$，$^{**}p<0.05$，$^{*}p<0.1$。

表 7－9 显示了家庭人均收入在人口老龄化对家庭商业保险需求产生负向影响的中介效应。数据结果显示，人口老龄化程度会降低家庭人均收入，而家庭人均收入高的家庭会更愿意购买商业保险并且购买规模更大，根据该逻辑可以确定：家庭人均收入在人口老龄化降低家庭购买商业保险需求中起到中介作用。对老龄人口占比的各项回归系数进行计算：$(-0.311\times0.244)\div(-0.511)=0.1485$、$(-0.311\times0.570)\div(-0.770)=0.2302$，表明老龄人口占比越高，越抑制家庭购买商业保险的意愿，购买

的规模也更低。有 14.85% 和 23.02% 的作用是通过家庭人均收入产生的。此处选取家庭人均收入衡量家庭购买商业保险的现实能力，因为家庭人均收入越高，在保证家庭基本生活的前提下，还存在可以灵活支配的资金，购买商业保险的现实能力得到允许；如果家庭人均收入较低，或者只够维持家庭生存，几乎没有闲余资金去买商业保险，所以老龄化程度越高的家庭会导致家庭人均收入越低，进而减少对商业保险费用的支出。

表 7－9　家庭人均收入作为中介变量的影响机制检验

变量	是否购买商业保险			商业保险支出		
	路径 a	路径 b	总效应 c	路径 a	路径 b	总效应 c
是否有老年人	−0.148*** (0.0172)	0.248*** (0.0161)	−0.172*** (0.0285)	−0.148*** (0.0172)	0.578*** (0.0353)	−0.349*** (0.0723)
老年人数	−0.0595*** (0.00976)	0.249*** (0.0161)	−0.134*** (0.0164)	−0.0595*** (0.00976)	0.576*** (0.0352)	−0.302*** (0.0408)
老龄人口占比	−0.311*** (0.0276)	0.244*** (0.0161)	−0.511*** (0.0506)	−0.311*** (0.0276)	0.570*** (0.0354)	−0.770*** (0.116)

注：括号中数值是标准差；*** $p<0.01$，** $p<0.05$，* $p<0.1$。

五、结论与建议

本章研究结论表明：第一，人口老龄化对家庭商业保险的购买和规模都有显著的负向影响；在控制变量中发现户主的年龄、受教育程度和婚姻状况、家庭金融资产、住房总资产对家庭购买商业保险需求都有显著影响。第二，区分城乡家庭样本进行稳健性检验，人口老龄化对城镇家庭和乡村家庭购买商业保险均有抑制作用，人口老龄化对城镇家庭样本购买商业保险意愿的负向作用更明显，而在购买商业保险规模上无明显差异。第三，家庭风险意识和家庭人均收入是人口老龄化降低家庭对商业保险需求的重要影响中介，其影响机制表现为人口老龄化降低了家庭的风险意愿和家庭人均收入，而这两者与家庭购买商业保险的需求呈正向关系，所以说人口老龄化阻碍了商业保险在家庭中的广度和深度。

根据前文描述性统计发现，在全部样本家庭中购买商业保险的家庭仅占31.2%，可以看出我国商业保险市场还存在着巨大的发展空间。为了使商业保险成为政府、企业、居民风险保障和财富投资的重要途径，让我国实现从保险大国向保险强国的转变，结合本章结论，主要从降低人口老龄化的负面影响和提高家庭商业保险需求方面提出以下建议。

首先，人口老龄化带来的负面影响是不可改变的，为了最大限度降低不利影响，政府可以从政策入手鼓励老年人创新创业，将老年人转变为积极主动劳动力，发挥余热的同时减少家庭负担，提高家庭人均收入，使有意愿购买商业保险的家庭同样也具备购买能力。

其次，受教育程度和家庭经济状况是影响商业保险需求的重要因素，政府相关部门或者保险公司应当定期组织人员，通过举办巡讲、线下论坛及公益培训等形式推广保险知识，全面提高居民的受教育程度和金融知识水平。此外，政府可以采取适当扶贫、减税等举措，促进家庭收入增长，提高居民购买商业保险的意愿和能力。

最后，保险公司对不同家庭结构进行差异化营销，比如，保险公司可以准确锁定对有老年人的家庭推荐商业人寿保险，节省搜寻和拓展客户所花费的时间和成本。保险公司还应进一步完善产品种类，实现保险产品的差异化，降低家庭购买商业保险的“门槛”，无论是价格还是保障范围，都能为客户提供更多层次的保险选择。

第八章　人口老龄化与家庭创业意愿

随着我国人口老龄化进入飞速发展阶段，为了加快我国经济转型，同时响应大众创业、万众创新的战略，鼓励老龄群体创业，通过创业来缓解由人口老龄化带来的经济负担。本章基于 2015 年中国综合社会调查（CGSS）的数据库，研究了家庭中 60 岁以上老年人数和家庭老龄人口占比对家庭创业意愿的影响。结果表明，家庭老年人数越多，对家庭创业意愿表现出越明显的抑制作用；家庭老龄人口占比每增加 1%，其家庭创业意愿强度会相应降低 30.8%；社会保障中基本医疗保险对老龄化创业意愿的调节作用比商业医疗保险更显著。

一、引言

国家统计资料显示，我国近些年老龄化进程加快，2015—2019 年老龄率分别为 10.47%、10.85%、11.38%、11.9%、12.57%。为了缓冲人口老龄化对我国经济的负面冲击，在国家政策的号召下政府将创新创业作为中国经济增长和解决就业问题的重要举措。《中国人口老龄化发展趋势预测研究报告》显示，中国是世界上老龄人口占比最大的国家，由于中国是人口大国，因此中国的老龄化问题同时关系到全球人口老龄化的现状。此外，21 世纪的中国将是一个不可逆转的老龄社会，报告对近一个世纪的人口老龄化进行分析和预测，将中国的人口老龄化分为三个阶段：2001—2020 年，快速老龄化阶段；2021—2050 年，加速老龄化阶段；2051—2100 年，重度老龄化阶段且老龄化形势趋于稳定。中国的人口老龄化特征包括规模大、地区发展不平衡、城乡倒置显著、女性老年人口数量多于男性等。

随着我国老龄化程度不断加深，国家整体的创新创业水平相对于发达国家来说还有非常大的差距，人口老龄化会对经济和社会的发展带来一定程度的负面影响，如养老、医疗等社会保障的压力增加，劳动力减少以及人口结构的严重失衡等。政府和社会要付出巨大成本来调整人口结构的失衡、适应老龄化的消费结构以及解决老龄人口占比较大的社会管理问题。

创业能够显著推动经济的增长，且有助于经济转型发展。为了应对老龄化给我国经济带来的不利影响，刺激创业成为一项有效的解决办法。谈及创业，社会关注点多集中于大学生群体以及青年和中年群体，而充分利用老龄群体积累的各项资本和经历，持续性地创造价值，不仅增加了劳动力且能促进经济的发展，尤其是能有效降低人口老龄化带来的负面影响（Kautonen、Down 和 Minniti，2014；Maritz 等，2017）。

二、文献综述

对创业的已有研究大多聚焦于其影响因素，胡浩、王海燕和张沛莹（2018）通过实证分析得出社会互动与家庭创业决策呈正相关关系，验证了其影响效果是由信息获取和社会性学习以及缓解创业融资约束带来的。胡畅（2019）将个体的关系网络细分为家庭关系、商业关系和政治关系，分别探究它们对个体参与创业的影响以及对创业类型的选择，家庭关系网络和商业关系网络能够提升创业参与的概率，而政治关系网络显著降低了个体参与创业的概率。何翠香和晏冰（2015）发现银行信贷和民间借贷无论对家庭创业参与还是对创业过程均有显著的促进作用，正规信贷约束会抑制家庭创业的参与率。

汪伟和咸金坤（2020）利用中国家庭金融调查数据研究发现年龄与家庭创业存在“倒 U”形关系，创业者处于“倒 U”形前半部分时，创业决策者的创造力和冒险精神较强，但资本与经验不足，还从人口结构的角度分析了家庭中老龄人口越多，家庭参与创业的概率越低的原因。

Levesque 和 Minniti（2006）以及 Alvarez 和 Parker（2009）也是通过对创业主体年龄与创业意愿强度之间的关系进行探究发现，创业者的年龄与其创业意愿强度存在“倒 U”形关系，对年龄分段研究结论显示，35～44 岁年龄段内的创业者随年龄的增大，创业意愿强度也在增加，而超过 44 岁以后，创业意愿强度在逐渐下降。晏旻等（2019）对宁夏银川市进行实地调查，以 55～75 岁的低龄老年人为对象，研究影响其创业意愿的因素，结论表明个人年龄、受教育程度和家庭因素（如对生活的幸福感与家庭资产等）对低龄老年人的创业意愿均有显著影响。蒋小仙、项凯标和高全义（2018）以 56 岁以上的老年人为研究对象，实证分析表明个体的健康状况与老龄群体的创业意愿呈负相关，而工作压力能正向地增强老龄群体的创业意愿，当然年龄也是显著的影响因素之一。此外，中国经济报告（2020）指出，在老龄化经济体中，家庭创业意愿越来越弱，个人创业意愿一定程度上取决于其风险偏好程度，而个体的风险态度与年龄有直接联系，相对于年轻人来说，老年人对风险的厌恶程度更高。

三、模型与变量

（一）模型设定

本章的被解释变量是创业意愿，可选项是一组有序的离散数据。因此，家庭创业意愿是有序的结果变量，如果将其当作二值模型进行估计无视数据内在的排序，而 OLS 又把排序视为基数来处理，因此对于排序数据，可以使用潜变量法来推导出最大似然估计量，即 Ordered Probit 模型。模型设计如下：

$$P_j(Y = J \mid x) = \alpha_j + \beta_1 aging + \beta_2 X_i + \mu \tag{1}$$

式（1）中，P_j 表示家庭创业意愿在各个有序值的概率；α_j 表示在各等级之间的切点值；$aging$ 表示老龄化程度，由家庭老年人数和家庭老龄人口占比来衡量；X_i 为本章所涉及的控制变量。β_1 为老龄化程度系数，β_2

为控制变量系数，μ 表示扰动项。

（二）变量介绍

本章数据来源于中国综合社会调查（Chinese General Social Survey，CGSS），这是我国第一个全国性、综合性、连续性的学术调查项目。旨在系统、全面地收集社会、家庭、个人等多个层次的数据，推动国内科学研究的开放与共享，为国际比较研究提供数据资料，提供多学科的经济与社会数据采集平台，2015 年 CGSS 项目调查范围覆盖全国 28 个省、自治区、直辖市的 478 个村居，收集到多达 10968 份有效问卷。为了获得主要变量的有效样本，剔除缺失值和拒绝回答的样本，保留 1539 份用于数据操作的有效样本，其剔除率达 86%，具体的变量定义如表 8－1 所示。

表 8－1　变量定义

变量	变量描述
家庭老年人数	受访家庭中 60 岁及以上老年个体总人数
家庭老龄人口占比	受访家庭中 60 岁及以上老年个体占家庭总人数的比例
家庭创业意愿	非常不可能＝1；很不可能＝2；不太可能＝3；说不清可不可能＝4；有可能＝5；很可能＝6；非常可能＝7
性别	男＝1；女＝0
年龄	户主年龄值
受教育程度	没有受过任何教育＝1；私塾、扫盲班和小学＝1；初中＝2；高中＝3；中专和技校＝4；大学专科＝5；大学本科＝6；研究生及以上＝7
婚姻状况	已婚＝1；其他＝0
幸福感	非常不幸福＝1；比较不幸福＝2；说不上幸福不幸福＝3；比较幸福＝4；非常幸福＝5
宗教信仰	有宗教信仰＝1；其他＝0
样本类型	基于国家统计局资料的城乡分类，城镇＝1；农村＝0
家庭规模	家庭成员总人数
健康状况	很不健康＝1；比较不健康＝2；一般＝3；比较健康＝4；很健康＝5
家庭总收入	对去年一年家庭总收入取对数值

1. **核心解释变量**

本章采用家庭老龄人口占比和家庭老年人数作为解释变量来衡量人口老龄化程度，家庭老年人数由家庭中60岁及以上老龄人口总数来定义，家庭老龄人口占比则是结合家庭人口结构，用家庭成员中老年人所占家庭总人数的比例来度量。

2. **被解释变量**

本章关注的被解释变量是家庭创业意愿，采用调查问卷中“如果有机会和资源，您是否会去创业”这一问题来衡量，可选择的回答项包括：非常不可能 =1、很不可能 =2、不太可能 =3、说不清可不可能 =4、有可能 =5、很可能 =6、非常可能 =7，其创业意愿的强度与赋值成正比。

3. **控制变量**

本章考虑的控制变量包括年龄、性别、受教育程度、婚姻状况、幸福感、宗教信仰、样本类型、家庭规模、健康状况以及家庭总收入。受教育程度变量的处理参考胡畅（2019）的做法，将问卷中对受教育程度的选项进行合理的合并。

（三）变量的描述性统计

由表8－2可知，家庭老龄人口占比平均值为12.9%，受访户主创业意愿强度在“说不清可不可能”与“有可能”之间。在有效样本中，58.4%来源于城镇地区，受教育程度介于初中与高中之间，受访人对生活的幸福感中等偏上，其他变量的描述性统计如表8－2所示。

表8－2　　变量的描述性统计

变量	均值	标准差	最小值	最大值
家庭老年人数	0.423	0.618	0	5
家庭老龄人口占比	0.129	0.193	0	1
家庭创业意愿	4.385	1.904	1	7
年龄	50.38	16.69	18	94

续　表

变量	均值	标准差	最小值	最大值
性别	0.475	0.499	0	1
受教育程度	2.312	1.777	0	7
婚姻状况	0.786	0.410	0	1
健康状况	3.608	1.105	1	5
幸福感	3.874	0.853	1	5
宗教信仰	0.117	0.321	0	1
家庭规模	3.420	1.658	1	14
家庭总收入	10.51	1.142	5.298	16.12
样本类型	0.584	0.493	0	1

四、实证结果分析

（一）老龄化程度对家庭创业意愿的影响

表8-3汇总了老龄化程度对家庭创业意愿影响的估计结果。列①和列②所显示的分别是家庭老年人数和家庭老龄人口占比对家庭创业意愿的直接影响，其系数估计值均为负数且在1%的水平上显著，这就表示随着老龄化程度提高，家庭创业意愿强度降低。列③和列④引入了个人特征的控制变量，其系数估计值仍然显著，列⑤和列⑥引入了本章选取的全部控制变量，老龄化系数估计值表明家庭老年人数每增加一个，家庭创业意愿强度会下降10.4%，家庭老龄人口占比每增加一个单位，家庭创业意愿程度会降低30.8%。

表8-3　　老龄化程度对家庭创业意愿的估计结果

变量	家庭创业意愿					
	①	②	③	④	⑤	⑥
家庭老年人数	-0.239*** (0.0420)		-0.0828* (0.0438)		-0.104** (0.0465)	

续 表

变量	家庭创业意愿					
	①	②	③	④	⑤	⑥
家庭老龄人口占比		-1.107 *** (0.138)		-0.258 * (0.150)		-0.308 ** (0.152)
年龄			-0.0138 (0.0103)	-0.0142 (0.0103)	-0.0140 (0.0105)	-0.0148 (0.0105)
年龄的平方			-0.000171 * (9.83e-05)	-0.000164 * (9.91e-05)	-0.000172 * (0.000101)	-0.000162 (0.000102)
性别			0.186 *** (0.0558)	0.184 *** (0.0552)	0.195 *** (0.0567)	0.192 *** (0.0560)
受教育程度			0.157 *** (0.0527)	0.158 *** (0.0526)	0.166 *** (0.0561)	0.164 *** (0.0560)
受教育程度平方			-0.0157 ** (0.00794)	-0.0160 ** (0.00793)	-0.0162 ** (0.00811)	-0.0162 ** (0.00809)
婚姻状况			-0.0273 (0.0788)	-0.0284 (0.0788)	-0.0168 (0.0809)	-0.0104 (0.0813)
健康状况			0.0152 (0.0253)	0.0160 (0.0252)	0.00610 (0.0263)	0.00697 (0.0263)
宗教信仰			0.183 ** (0.0836)	0.185 ** (0.0836)	0.185 ** (0.0840)	0.188 ** (0.0840)
幸福感					0.0624 * (0.0336)	0.0631 * (0.0336)
家庭规模					0.00938 (0.0186)	-0.00340 (0.0177)
家庭总收入					-0.0273 (0.0295)	-0.0272 (0.0295)
样本类型					-0.00586 (0.0638)	-0.00651 (0.0638)
/cut1	-1.344 *** (0.0478)	-1.399 *** (0.0483)	-2.275 *** (0.278)	-2.264 *** (0.275)	-2.308 *** (0.408)	-2.353 *** (0.407)
/cut2	-1.036 *** (0.0429)	-1.088 *** (0.0433)	-1.923 *** (0.277)	-1.912 *** (0.275)	-1.962 *** (0.408)	-2.007 *** (0.406)

续　表

变量	家庭创业意愿					
	①	②	③	④	⑤	⑥
/cut3	−0.473 *** (0.0381)	−0.517 *** (0.0381)	−1.258 *** (0.276)	−1.247 *** (0.273)	−1.294 *** (0.407)	−1.339 *** (0.405)
/cut4	−0.220 *** (0.0372)	−0.260 *** (0.0371)	−0.945 *** (0.275)	−0.934 *** (0.272)	−0.986 ** (0.406)	−1.031 ** (0.405)
/cut5	0.329 *** (0.0376)	0.296 *** (0.0373)	−0.287 (0.274)	−0.276 (0.271)	−0.320 (0.405)	−0.365 (0.404)
/cut6	0.920 *** (0.0424)	0.892 *** (0.0420)	0.376 (0.274)	0.387 (0.271)	0.348 (0.405)	0.303 (0.404)
Observations	1539	1539	1539	1539	1513	1513

注：括号中数值是标准差；*** $p<0.01$，** $p<0.05$，* $p<0.1$。

在控制变量中，户主的受教育程度的系数估计值均显著为正数，而受教育程度平方的系数估计值显著为负，表明受教育程度与家庭创业意愿之间存在“倒 U”形关系，这表明受教育程度达到一定水平后，人们的创业意愿反而会下降。吕静、郭沛和程健（2018）认为人们接受的教育程度越高，积累的人力资本越丰富，在就业竞争中越有优势，即就业机会上的优势导致了受教育程度越高的户主越倾向于选择就业，其家庭创业意愿减弱。从性别的系数估计值可以看出相对于女性来说，男性的创业意愿更强烈，存在偏差的社会舆论和在时间以及空间上的约束等因素使女性在创业面前望而却步。宗教信仰与幸福感对家庭创业意愿的促进作用也是显著的，有宗教信仰的家庭相对于无任何宗教信仰的家庭创业意愿更强烈。

（二）老龄化创业意愿的影响和调节机制

在研究老龄化对家庭创业意愿的影响机制时，参考诸多研究方法，构建如下中介效应模型。

$$Y_i = \theta_1 + cX_i + control\_X + \varepsilon_1 \tag{2}$$

$$M_i = \theta_2 + aX_i + control\_X + \varepsilon_2 \tag{3}$$

$$Y_i = \theta_3 + c'X_i + bM_i + control\_X + \varepsilon_3 \tag{4}$$

式（2）和式（4）中，Y_i 为被解释变量即家庭创业意愿，X_i 为家庭老年人数和家庭老龄人口占比，式（3）中 M_i 为中介变量即风险态度，$control\_X$ 为控制变量，ε_1、ε_2、ε_3 均为随机扰动项。a、c、c' 为各回归方程中解释变量的系数，b 为中介变量的系数。

1. 风险态度影响机制

关于风险偏好对个体创业以及家庭创业的影响研究较多（陈其进，2015；Frijters 等，2011），但结合我国老龄化现状探究风险态度对创业的中介效应的文献不多。Tanaka、Camerer 和 Nguyen（2010）认为，人们的风险态度会随年龄的增长而发生变化，年龄越大，对风险的厌恶程度就越高。一个家庭中老龄人口占比的提高使家庭对风险承受能力减弱，因此会更加规避风险（蓝嘉俊、杜鹏程和吴泓苇，2018）。为了验证风险态度的中介作用，家庭的风险态度这一变量是通过 CGSS（2015）问卷中“如果有多余的钱，我会投资到有风险但回报高的项目上”受访人的回答项来度量的，越倾向于高风险，其取值越大。由于风险态度也是有序的结果变量，同样采用有序的 Probit 模型来估计家庭老龄人口占比和家庭老年人数对风险态度的影响。

由表 8 -4 可以看出，风险态度作为中介变量时（列②和列⑤），家庭老龄人口占比和家庭老年人数的参数估计值在 1% 的水平上显著为负，此外，列①和列③、列④和列⑥自变量系数符号一致，且控制了风险态度这一中介变量后，其系数显著降低，这表明老龄化通过风险态度影响家庭创业意愿的中介效应是存在的。具体数据表明：家庭老龄人口占比与家庭老年人数对个体的创业意愿均有显著的负向作用，估计系数分别为 -0.476 和 -0.131，意味着家庭老龄人口占比和家庭老年人数每上升一个单位，对风险的偏好程度就会分别下降 47.6% 和 13.1% 。列③与列⑥中家庭老龄人口占比、家庭老年人数与风险态度的系数符号相反，老龄化显著降低了人们的创业意愿，而风险态度却正向地促进了创业意愿。家庭老龄人口占比的中介效应大小为（-0.476×0.0855）÷（-0.308）=13.21%，即家庭老龄人口占比对家庭创业意愿的抑制作用中有13.21%来自家庭老龄人口占比降低了人们的风险偏好。

表8-4　风险态度影响机制（Oprobit模型）

变量	① 家庭创业意愿	② 风险态度	③ 家庭创业意愿	④ 家庭创业意愿	⑤ 风险态度	⑥ 家庭创业意愿
家庭老龄人口占比	-0.308** (0.152)	-0.476*** (0.140)	-0.302** (0.149)			
家庭老年人数				-0.104** (0.0465)	-0.131*** (0.0430)	-0.0941** (0.0465)
风险态度			0.0855*** (0.0142)			0.0867*** (0.0143)
控制变量	控制	控制	控制	控制	控制	控制
Observations	1539	1539	1539	1513	1539	1513

注：括号中数值是标准差；*** $p<0.01$，** $p<0.05$，* $p<0.1$。

2. 社会保障调节机制

参考汪伟和咸金坤（2020）的研究方法，采用老龄化与保险的交互项来检验社会保障是否是老龄化影响创业意愿的因素。本章采用医疗保险衡量家庭社会保障行为，其中“城市基本医疗保险/新型农村合作医疗保险/公费医疗”是家庭被动参保行为，而“商业性医疗保险”是非国家强制性保险计划，家庭自愿购买可视为主动的自我保险行为。

表8-5报告了老龄化对创业意愿的社会保障影响机制。从分析结果可以发现，列①中，医疗保险的系数显著为负，表明参加医疗保险的家庭创业意愿降低了，与Fairlie、Kapur和Gates（2011）研究发现一致。而家庭老龄人口占比与医疗保险交互项系数为0.934，并在10%的水平上显著，说明医疗保险很大程度上缓解了老龄化对家庭创业意愿的负向作用。此

外，家庭老年人数与医疗保险交互项系数显著为正。

表 8－5　社会保障机制

变量	家庭创业意愿			
	①	②	③	④
家庭老龄人口占比	−1.165** (0.474)	−0.313** (0.159)		
医疗保险	−0.231** (0.112)		−0.256** (0.113)	
家庭老龄人口占比×医疗保险	0.934* (0.496)			
商业保险		0.115 (0.111)		0.104 (0.110)
家庭老龄人口占比×商业保险		0.0929 (0.572)		
家庭老年人数			−0.408*** (0.140)	−0.110** (0.0493)
家庭老年人数×医疗保险			0.334** (0.146)	
家庭老年人数×商业保险				0.0707 (0.163)
Observations	1476	1476	1476	1476

注：括号中数值是标准差；*** $p<0.01$，** $p<0.05$，* $p<0.1$。

列②和列④显示了家庭老龄人口占比和家庭老年人数与商业保险的交互项系数均为正数但不显著，意味着商业保险不能有效缓解老龄化对家庭创业意愿的负向作用。因为商业保险是自愿购买，考虑到低收入家庭对商业保险需求很低，而中高收入家庭有更多的创业风险对冲工具，因此商业保险对家庭创业意愿的负面影响作用有限。

（三）稳健性检验

根据联合国世界卫生组织对年龄的最新界定，44 岁以下的人为青年，

45～59岁为中年，并且将老年又细分为年轻老年人（60～74岁）、老年人（75～89岁）和长寿老人（90岁及以上的人）。如表8－6所示，在全样本以及60～94岁的这一阶段，也就是老年阶段，年龄对家庭创业意愿均起到负向作用，即在对应区间内，年龄越大的户主家庭创业意愿更弱。相反的是，户主为青年和中年阶段的家庭，其年龄与家庭创业意愿呈同向变化关系，其估计系数均不显著，在这两个阶段中年龄的增长使人们积累了一定的阅历、资本以及经验教训，并且创造力、体力以及对风险的承受能力较强。60～94岁老龄阶段的人们，虽然拥有丰富的社会经验和人生经历，但随着年龄的增大，创业已力不从心，这进一步验证了老龄化对家庭创业意愿的抑制性影响，该结论与基准回归结果一致。

表8－6　不同年龄阶段家庭创业意愿的估计

变量	家庭创业意愿				
	① 全样本	② 18～44岁	③ 45～59岁	④ 60～74岁	⑤ 75～94岁
年龄	－0.0107 (0.0104)	0.0643 (0.0605)	0.131 (0.282)	－0.0945 (0.494)	－0.0246 (0.735)
年龄的平方	－0.000219** (9.94e－05)	－0.00118 (0.000919)	－0.00155 (0.00272)	0.000471 (0.00374)	0.000128 (0.00448)
性别	0.205*** (0.0556)	0.259*** (0.0922)	0.179* (0.0996)	0.263** (0.119)	－0.118 (0.249)
受教育程度	0.0579*** (0.0201)	0.0312 (0.0300)	0.132*** (0.0400)	－0.0247 (0.0522)	0.0837 (0.0692)
婚姻状况	－0.0328 (0.0800)	－0.0727 (0.137)	－0.234 (0.186)	－0.0510 (0.174)	－0.0804 (0.232)
健康状况	0.00939 (0.0263)	－0.0362 (0.0457)	0.0738* (0.0435)	0.00314 (0.0576)	－0.0848 (0.116)
宗教信仰	0.186** (0.0839)	0.435*** (0.148)	0.319** (0.140)	－0.375** (0.179)	－0.304 (0.359)
家庭总收入	－0.0232 (0.0294)	0.0630 (0.0558)	－0.0707 (0.0542)	－0.0993* (0.0581)	－0.0652 (0.104)

续 表

变量	家庭创业意愿				
	① 全样本	② 18～44 岁	③ 45～59 岁	④ 60～74 岁	⑤ 75～94 岁
家庭规模	-0.00508 (0.0177)	-0.00259 (0.0326)	0.0524 (0.0323)	-0.0105 (0.0327)	-0.177*** (0.0663)
幸福感	0.0619* (0.0336)	0.0291 (0.0603)	-0.00560 (0.0620)	0.138** (0.0666)	0.213 (0.147)
样本类型	0.00911 (0.0634)	0.0827 (0.106)	-0.160 (0.106)	0.137 (0.144)	0.116 (0.282)
/cut1	-2.328*** (0.405)	-0.416 (1.132)	1.021 (7.320)	-5.405 (16.40)	-2.151 (30.10)
/cut2	-1.983*** (0.405)	-0.133 (1.131)	1.355 (7.320)	-5.009 (16.40)	-1.778 (30.10)
/cut3	-1.317*** (0.404)	0.454 (1.130)	2.027 (7.319)	-4.266 (16.40)	-0.968 (30.10)
/cut4	-1.010** (0.404)	0.772 (1.129)	2.292 (7.319)	-3.844 (16.39)	-0.648 (30.10)
/cut5	-0.346 (0.403)	1.637 (1.130)	2.911 (7.320)	-3.419 (16.39)	-0.0217 (30.11)
/cut6	0.320 (0.403)	2.371** (1.131)	3.548 (7.320)	-2.921 (16.39)	0.885 (30.12)
Observations	1513	573	491	335	114

注：括号中数值是标准差；*** $p<0.01$，** $p<0.05$，* $p<0.1$。

五、结论与建议

本章利用中国综合社会调查（CGSS）2015 年的数据，重点研究了老龄化程度对我国家庭创业意愿的影响，通过实证分析得出下列结论：①无论是家庭老年人数还是家庭老龄人口占比对家庭创业意愿均有显著的负向影响，因此老龄化是降低家庭创业意愿的重要因素之一，家庭老龄人口比重越高，家庭承担的养老责任也更重，经济情况和时间限制大大降低了家庭的创业意愿。②家庭持有的风险态度对老龄化影响家庭创业意愿的中介作用为0.1321，即老龄化程度提高导致家庭风险偏好程度降低，进而减弱了家庭的创业意愿。③社会保障能够缓解老龄化对家庭创业意愿的负向作用，强制性的基本医疗保险比自愿购买的商业医疗保险在降低老龄化对家庭创业意愿产生抑制作用的过程中效果更显著。④分年龄段进行研究发现，户主处于青年和中年阶段的创业意愿强烈，而处于老年阶段的户主家庭创业意愿强度与年龄呈反向关系。

我国老龄化程度不断加深，无论对社会还是经济的影响都是巨大的。直接有效的对策是从产生问题的根源出发，提高老龄群体家庭创业意愿，让老年人不再成为社会的负担，而是让其转变为积极主动的社会力量（Kautonen、Kibler和Minniti，2017）。不仅可以为家庭减轻养老负担，且有助于老龄群体发挥价值余热增加家庭劳动力。根据本章得出的结论，政府应考虑老龄群体与非老龄群体的认知差异，提出有针对性的鼓励创业政策，为老龄人口占比较重的家庭提供更多的创业便利。

第九章　人口老龄化对商业银行的影响及对策

21 世纪以来，我国人口老龄化程度日趋加深，由于老龄人口比重增加所引发的问题不断显现，对经济社会发展、产业结构等产生了一定的影响，而银行是经济社会的“动脉”，人口老龄化也必然会对商业银行的发展产生重要影响。本章从存、贷款业务和中间业务三个方面分析了老龄化对商业银行经营的影响，并针对人口老龄化给商业银行带来的问题提出建议。

一、引言

国际上通常认为，当一个国家或地区 60 岁以上老龄人口占人口总数的 10%，或 65 岁以上老龄人口占人口总数的 7%，即意味着这个国家或地区处于老龄化社会。按照这个标准，2000 年我国 60 岁以上老龄人口占比达到 10.2%，说明我国已正式进入老龄化社会；2019 年 60 岁以上老龄人口 2.5 亿，占比达到 18.1%。20 年的时间，我国人口老龄化率增长迅猛，已由轻度老龄化迈进中度老龄化，养老服务面临更大的挑战。

大部分经济学家认为，由于老龄人口逐渐增多，在总人口中所占比例不断上升，社会适龄劳动力数量下降，社会发展所需劳动力与所能供给的劳动力不匹配，导致经济发展缓慢甚至停滞，社会消费能力下降，使社会经济发展陷入恶性循环。但也有一小部分经济学家认为，人口老龄化的出现标志着社会文明的高速发展，老龄化的产生将改变传统金融市场的结构，推动金融行业变革，为社会经济注入新活力。由此可见，人口老龄化的产生不仅给商业银行发展带来了挑战，也带来了机遇。本章研究内容为人口老龄化对商业银行的影响及对策，不仅为我国金融理论研究体系进行了文献补充，而且能够为我国商业银行业务改革转型提供指导性建议。

二、人口老龄化对商业银行业务的影响

（一）人口老龄化对商业银行贷款业务的影响

1. 贷款需求疲软

我国已进入老龄化社会，消费结构变化导致贷款需求不足。首先，由于老龄人口在人口总量中所占的比例逐渐增大，加重了社会抚养负担，多数家庭呈现“四二一”模式，两个青年人的工资，不仅要赡养四个老年人，还需要抚养一个子女，这样的社会结构使得青年人的经济负担加重，人们对于住房消费、耐用消费品的贷款需求下降。其次，我国养老制度尚未完善，老年人除了退休金和子女的养老金，基本没有其他的收入来源，人们的消费倾向会变得更加保守，家庭贷款意愿下降，随着老年人口所占比重逐渐增大，社会总体消费意愿也会下降。最后，随着社会的发展，国家为了让老百姓都有房住，出台了一系列房地产新政，调整购房贷款利率，完善公租房，个人买卖商品房的贷款也会逐渐减少。总之，在人口老龄化的大背景下，商业银行的贷款业务将会有所下降。

2. 贷款坏账率增加

人口老龄化的大背景下，青年人的收入增长赶不上家庭的负担增加，社会预期支出大于预期收入，二者出现缺口。以住房贷款为例，随着老龄人口在人口总量中所占的比例逐渐增大，“四二一”结构将更加明显，青年人不仅要承担较高的住房贷款还款压力，而且要承担父母和子女的赡养抚育费用，使得青年人的经济负担更加沉重，而住房贷款又属于长期信贷业务，由于还款人的经济压力不断增加，银行所面临的还款风险也逐渐增加，将可能导致贷款坏账率增加。

（二）人口老龄化对商业银行存款业务的影响

1. 银行资金来源减少

通过生命周期理论可知，人们的储蓄倾向和消费倾向会随着生命阶段的不同而有所变化，在青年时期，人们的收入增加速度将会大于消费增加速度，此时，人们会把多余的收入存入银行作为未来养老金。当人们进入老年时期，面临退休，不再有过多的收入来源，其消费将会超过收入，这时如果要保持之前的消费水平，不得不使用储蓄存款。同时，由于“四二一”结构的出现，青年人还负有赡养老年人的义务，会将自身的部分储蓄运用到老年人赡养中，比如支付养老、医疗费用等。另外，青年人还需要考虑子女的教育问题，而且随着社会经济条件的改善，人们对教育的需求日益增长，在教育上的开支所占比重也逐年增加。所有这些都会导致储蓄率降低，商业银行吸收存款的难度增加。

2. 资金成本上升

人口老龄化将提高银行争夺资金来源的成本。我国正在推进利率市场化改革，随着利率上限的逐步放开，在存款供给减少的情况下，商业银行为了吸收存款就会主动提升利率，这将导致其资金成本不断增加。融资成本的增加将会制约商业银行信贷业务的发展，导致其盈利降低甚至亏损。

3. 加剧银行风险

银行作为经济社会发展的枢纽，是企业的主要融资渠道。尽管我国证券市场发展迅速，越来越多的公司通过改制上市在资本市场吸引资金，但仍然没有脱离银行这一媒介，过去银行业有大量的储蓄存款可对企业放贷，企业对银行有较大的依赖性，而银行资金来源的减少将直接影响到企业融资，企业融资难导致坏账率上升，也会给银行带来经济损失。

（三）人口老龄化对商业银行中间业务的影响

随着利率市场化的进行，利率波动的增大和利差的缩小，都影响着商业银行的经营效益，商业银行为实现自身可持续发展，必须创造出新的利润增长点，因此中间业务逐渐受到了商业银行的重视。中间业务是银行以中介或者代理人的身份为客户开展各种服务项目，并且收取一定的服务费用的业务。中间业务的最大特点就是不占用银行资金，银行不需要承担风险。在老龄化社会的大背景下，老年人成为银行中间业务发展的重要对象。随着经济社会的发展，老年人每个月除了有固定到账的退休金，退休前多年的储蓄存款，还有儿女们孝敬的生活费，当老年人每个月没有较大支出时，这些资金加在一起为老年人提供了一笔闲钱。过去，大多数老年人都是风险回避型的，不愿意承受太大的风险，他们更倾向于选择储蓄、购买债券型基金，这些投资方式流动性强、安全性高，满足了老年人对于理财产品安全性的要求。但是在面对较高的通货膨胀时，实际得到的是负利率，因此，这些传统的理财方式已经不能满足老年客户的需求。为了应对通货膨胀造成的实际购买力和资产价值下降，老年人积极寻求新的投资方式，以获得更高的投资回报。但是在互联网普及率较高的大环境下，老年人对新信息的接受能力较差，阻碍了商业银行电子金融服务渠道的拓展，增加了商业银行开展中间业务的困难，从而会降低其经营收益。

三、人口老龄化背景下给商业银行的对策建议

（一）转变商业银行经营理念

1. 银行业务的转型

在过去，商业银行主要通过存贷款业务的利差来获利，随着利率市场化的进程以及人口老龄化的到来，以往以存贷为主的经营模式受到挑战，商业银行为了保持经营利润，应该提高中间业务所占的比重。在国外，商业银行中间业务已经有了一定的发展，并且开展得较为顺利，达到了一定的高度，中间业务为商业银行贡献了较多的经营收入，中间业务发展状况已渐渐成为衡量银行经营管理能力、服务质量和社会信誉的重要指标。但

我国商业银行的经营模式、经营理念与西方商业银行相比还相差甚远，我国商业银行中间业务发展速度较为缓慢，开展的业务规模也较小。因此，在人口老龄化大背景下，我国应加快商业银行经营业务的转型，不断扩大中间业务的比重，积极开发新型理财产品，合理布局资产负债结构和收入结构。

2. 银行客户的转型

传统的商业银行信奉“二八定律”，即他们认为给银行带来80%利润的是20%的客户。按照这个原则，传统的商业银行更加愿意把这20%的客户找出来，为他们提供更好的服务。他们重视高端客户，忽视占据市场80%的小客户，而在人口老龄化的大背景下，商业银行应当顺应人口年龄结构的变化，重视老年客户和中等收入客户的开发。与以往商业银行只在乎20%的高端客户相反，“长尾理论”认为“尾巴”的作用是不能忽视的，经营者不应该只关注头部的作用，处于“尾巴”的那部分客户所能给银行带来的利润可以积少成多，累积起来也能带来可观的经济收入甚至超越头部的那部分客户。同时，处于“长尾理论”中那条长长的“尾巴”部分的客户正是众多的老年人和中低端客户，商业银行应充分利用这部分客户，做好对他们的服务，使他们成为商业银行新的利润增长点。

（二）重视老年服务

1. 了解老年客户的特征

在人口老龄化的大背景下，为了促进商业银行更好地发展，银行应细分客户市场，开发出差异化的适合老龄人口需要的产品，做好对老年人的服务，努力在竞争中获得优势。了解老龄群体的特征是商业银行开发老年客户市场的第一步。首先，老年人对新事物的接受能力较低，他们对于网上银行等新型金融渠道接受起来较为困难，难以适应这种智能化的业务办理方式，同时他们厌恶风险，更加看重安全性，偏向于选择将多余的资金储蓄起来。其次，老年人随着年龄的增长，其行动能力也会随之降低，增加网点的设置已经不能满足没有行动力的老年人了。最后，随着社会的全面进步，我国的养老模式也发生了一些转变，从过去的家庭养老逐渐转变为老年人独自养老，随着这种转变，商业银行可以根据老年人的需求提供特殊的专门服务。

2. 开发适合老年人的银行业务

根据老龄群体的需求，为其提供个性化服务，满足老年人的金融服务需求。第一，老年人思想较为保守，接受新事物的能力和风险防范的能力较低，银行可以组织老年人进行预防电信诈骗、正确保护资产的宣传教育，增加老年人的风险防范能力。同时可以开发符合老年人需求的金融产品，例如，商业银行与保险公司进行合作开发出一款将医疗保险和储蓄有机结合起来的产品，这样，老年人资金的安全性得到了满足，同时也为老龄群体提供了一个医疗保障。第二，老年人随着年龄的增加，行动可能会越来越不方便，商业银行可以增加银行经营网点的设施，为老年人提供专门的服务窗口，还可以提供上门服务的业务，为老年人提供更好的服务，提高客户忠诚度。第三，对于独自养老的独居老人，商业银行可以提供代发养老金、代缴水电费等服务，这些业务不仅能更好地满足老年人的需求，帮助老年人提高生活质量，还拓展了商业银行的中间业务，增加了银行的非利息收入，开拓了新的利润增长点。

3. 提升对老年人的服务质量

商业银行在为老年人提供服务的时候，要注意完善配套服务设施。由于理念和习惯的限制，老年人更多地倾向于选择柜面和人工服务。因而应当结合老年人的需要来配置网点的服务设施，不但要设置供客户休息的座椅，准备方便客户的计算器、笔、老花镜、验钞机，还应该体现温情服务，如配备雨伞、无障碍通道等，注意服务的安全性，张贴温馨的提示标语，准备应急药物，设立老年客户服务专柜，注意疏散和引导老年客户等。大多数老年人都会出现听力下降、耳背等问题，为了避免错过叫号、反应慢等现象的出现，应为老年人配备专业的理财人员，设置专属于老年人的服务窗口，提供全面周到的服务。

（三）加强商业银行经营风险管理

在人口老龄化的背景下，应当重视客户群的年龄结构变化，不仅需要商业银行去开发适合不同年龄阶段的金融产品，还需要转变商业银行的经营管理机制，提高老龄化时代下的风险管理水平。首先，重视人口老龄化给商业银行带来的流动性风险。一方面，随着老龄化时代的加快到来，人口结构会发生重大变化，老龄群体更加注重资产的安全性与可靠性，厌恶风险，对于社会的谣言很容易相信，产生“挤兑”行为，这极可能成为银行体系不稳定的根源。另一方面，随着金融机构增多和金融工具的不断丰富，老年人在确保资金安全性的同时还要追求资金的收益。如商业银行的金融产品不能满足他们的要求，他们就很容易从其他银行或者非银行金融机构获取令他们满意的金融产品，势必造成一部分的资金流出。其次，关注信贷风险。改革开放以来，我国经济飞速发展，20 世纪 90 年代城市化进程不断加快，房地产市场和股票市场也都开始了高速发展，甚至出现了流动性过剩的虚拟经济，我国应当以日本泡沫为借鉴，对于因为人口老化而带来的需求萎缩和还贷能力的下降应提高警惕，更加关注贷款风险的防范。

（四）加大专业人才培养力度

虽然我国已进入老龄化社会，但商业银行未形成独立完善的养老金融业务组织体系，没有设置独立的养老金融机构，也缺乏系统的专业人才队伍支持。我国的大多数养老金融业务只是挂靠在托管业务、企业业务等几个主要业务模块之下，导致银行无法全面有效地统筹养老金融的发展。而在人口老龄化的背景下，为适应时代发展的变化，养老金融将会是商业银行的战略重点，为更好地开展养老金融，应加快专业人才的培养力度。由于养老金融业务涉及社会学、管理学、保险学、税收学等多个学科领域，培养一批具有专业知识的复合型金融人才是重中之重。商业银行可以定期进行人力资源培训，提高工作人员的专业水平和服务能力。同时还需要构建专业的销售团队，根据客户的需求提供差别化的销售服务。只有建立起强大的人才队伍，才能更好地开展养老金融业务，占领老年客户群体市场。

四、总结

随着老龄人口在总人口中的比重逐渐加大，商业银行将迎来巨大的冲击和挑战，其发展形势更加严峻，为此，商业银行必须根据经济社会的发展需求调整发展战略，积极创新符合老龄化大背景的金融产品，以适应时代发展变化，推动自身更好发展。本章总结了人口老龄化对商业银行三大业务发展所带来的影响，并根据实际情况提出了商业银行转变经营理念、重视老年服务、加强经营风险管理、加大专业人才培养力度的对策，以更好地促进商业银行持续快速发展。

第十章　人口老龄化对我国金融发展的影响

本章利用我国30个省、自治区、直辖市2007—2016年的面板数据，通过建立固定效应模型分析了人口老龄化对我国整体金融发展的影响。研究发现，人口老龄化的两个替代变量（老龄率和老年抚养比）对整体金融发展有一定的促进作用。但是各地区的这种影响存在异质性，东部地区的老龄率对金融发展有促进作用，而老年抚养比对金融发展却有抑制作用；中部地区的老龄化对金融发展的影响并不显著；西部地区的老龄化对金融发展有促进作用。因此我们可以得出，人口老龄化可能会给我国的金融发展带来一定程度的正面促进作用，其作用机制是人口老龄化所带来的劳动人口的减少和保守型的投资偏好可能会倒逼金融机构摒弃旧的业务模式从而进行产品创新，促进养老金融的发展和养老行业的迅速兴起，这在一定程度上促进了我国金融业的发展。

一、引言

人口老龄化是指总人口中，老年人口所占比例随着时间推移而不断上升的一种动态。国际上通常的看法是，当一个国家或地区60岁以上老年人口占人口总数的10%，或65岁以上老年人口占人口总数的7%，即意味着这个国家或地区进入了老龄化社会。进入21世纪以来我国的老龄率是逐年上升的，尤其是2010年以后，人口年龄结构发生了较大变化。1999—2016年我国的老龄率走势如图10－1所示。1999年我国65岁及以上老龄人口是8687万人，占总人口的6.90%，2010年老龄人口11894万人，占总人口的8.87%，而到了2019年，我国老龄人口数量达到了17603万人，老龄人口占比达12.60%，老龄率约是1999年的2倍左右。我国近些年来凭借较低的劳动力成本使经济得到快速发展，但与此同时也形成了“劳动依赖模式”的经济增长方式。如今计划生育政策的实施效果已经显现，我国出生人口连年下跌，因此失去人口红利，甚至出现了“用工荒”，面临着“未富先老”的局面，人口老龄化的加速会抑制我国经济的增长。

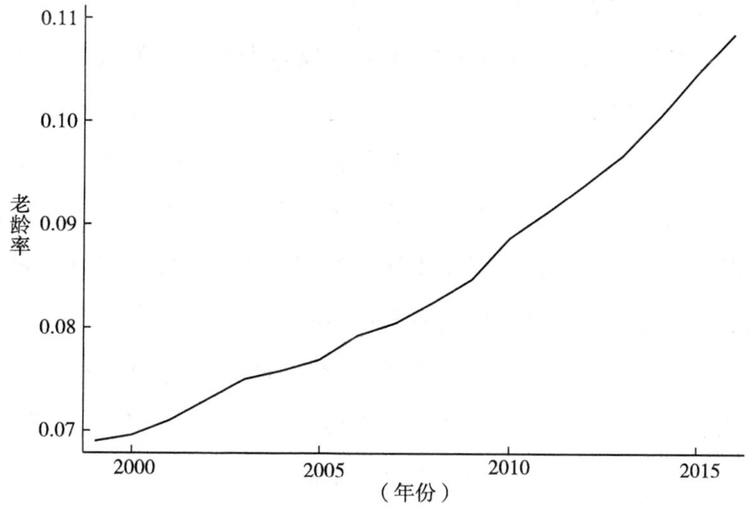

图10－1　老龄率走势

根据有关经济增长理论，劳动投入对一个国家或地区的经济增长起着不可代替的作用，人口老龄化导致的劳动人口减少势必会对一个国家或地区的经济发展产生重要的影响。目前关于人口老龄化对经济发展的影响有两种观点，一种观点是，人口老龄化会抑制一个国家或地区的经济发展，这也是主流的观点。还有一种观点认为，人口老龄化会促进经济的发展。有些学者通过研究指出，老龄化可以通过促进产业的转型升级从而带动经济的发展。人口老龄化除了通过以上机制影响经济发展，是不是也会通过影响区域金融发展进而影响区域经济发展呢？金融业作为一个国家或地区经济发展的支柱性产业，与经济发展的联系密不可分，因此分析老龄化与经济发展的桥梁——“老龄化与金融发展的关系”是非常必要的。

二、文献综述

由于西方发达国家率先进入老龄化，他们对于老龄化问题的关注也较早，在 20 世纪 80 年代就开始研究老龄化与经济发展的问题。Hagemann（1989）以日本、西德、瑞典和美国的人口老龄化为研究对象，指出人口老龄化将带来较大的福利成本。Herd（1993）使用代际核算方法模拟了老龄化对 7 个 OECD 国家政府债务的影响，发现老龄化会使政府债务显著增加。在国内，张再生（2000）指出人口老龄化通过影响储蓄水平来影响投资水平，进而影响经济的发展。李洪心和高威（2008）利用灰色关联模型分析了人口老龄化与消费结构之间的关系。李光明和刘丹玉（2018）分析了人口老龄化对技术创新、制造业升级的积极作用，尤其是在东部沿海地区。以上为人口老龄化对宏观经济影响的研究。

在金融发展方面，学者对老龄化影响的研究分为微观和宏观两个层面。微观层面有金融系统的效率与稳定性（Visco，2002）、资产价格（Poterba，1998；Brooks，2002；肖宏，2007；齐明珠，2017）、实际利率和股票溢价的变化（Maurer，2011）、金融结构（Davis，2006；夏淼和吴义根，2011）。宏观层面有杜本峰（2007）从储蓄、资本市场及保险服务几个方面综合探究了人口老龄化对金融市场的影响；Nguyen 和 Stüzle（2012）从对德国老龄化的研究中得出，人口老龄化会引起资本市场回报的急剧下降；耿娆（2013）从理论角度分析了老龄化对我国金融市场发展的影响；余静文、梁润和王勋（2014）通过跨国数据研究指出，人口老龄化会使得金融抑制程度降低，加快金融市场改革进程；毕煌（2016）从金融机构、金融产品和金融体系发展等几个方面综述了老龄化对金融整体发展的影响，他指出人口老龄化可以通过促进金融机构发展、推进金融产品创新和养老体系改革推动金融的发展；易祯和朱超（2017）研究指出，年龄结构会通过影响微观主体的风险偏好来影响微观主体对金融资产的需求从而影响金融发展。

综合来看，以上人口老龄化对整体金融发展的研究大多借鉴国外数据，然后结合我国情况提出建议，缺乏实证分析，对我国整体金融发展的借鉴性不高。因此，本章采用实证方法就老龄化对我国整体金融发展的影响方向及趋势进行研究。本章主要贡献有以下三点：首先，本章是国内为数不多的采用实证方法分析人口老龄化对整体金融发展影响的文章。近年来，分析老龄化对金融发展影响的文献很多，但大都是对微观金融层面的分析，如老龄化对金融资产价格、金融结构、家庭金融市场参与等方面的影响，对整体金融发展状况的影响大都是理论分析缺乏实证研究。其次，本章采用国内 30 个省、自治区、直辖市 2007—2016 年的面板数据，基于我国国内的实际情况进行分析，具有较强的说服力。最后，我国国土面积大，各地区发展状况不一，人口老龄化对区域金融发展的影响可能存在异质性，因此本章对东部、中部、西部的情况分别进行了分析，这可对以往同类研究作出一些补充。

三、研究设计

我们选取了 30 个省、自治区、直辖市 2007—2016 年的面板数据作为研究样本，实证分析了我国老龄化对金融发展的影响。并在对比混合效应模型、固定效应模型和随机效应模型后，选择最优的固定效应模型进行实证分析，建立模型如下：

$$FinDev_{it} = \alpha + \beta aging_{it} + X\gamma + \mu_i + \varepsilon_{it}$$

其中，$FinDev_{it}$ 是被解释变量“金融发展水平”，$aging_{it}$ 是核心解释变量“老龄化”，X 为其他控制变量，α 是常数，μ_i 代表个体效应值，ε_{it} 代表随机误差项，i 表示省份，t 代表年份，γ 表示控制变量个数。

我们选取“存贷款余额/GDP”来衡量一个地区的金融发展水平。考虑到上一步结果的稳健性，我们继续进行稳健性分析，在稳健性分析中，用一地区每年的金融机构总数代替“存贷款余额/GDP”来衡量地区金融发展水平。

对于核心解释变量，我们选取了老龄率及老年抚养比作为老龄化的代理变量，他们分别通过老龄人口数比人口总数、老龄人口数比劳动力总数计算得到。这两个变量是最能代表老龄化的指标，因此我们使用它们来衡量一个地区的老龄化。除了核心解释变量外，我们还选取了一些控制变量如省份年度 GDP（*lngdp*）、人均 GDP（*lnpergdp*）、人均收入比（*perincomerate*）、城镇化率（*urbanrate*）来控制影响地区金融发展的其他因素。因为这些控制变量对金融发展都会产生影响，所以对它们进行分析可以更好地说明老龄化对金融发展水平的影响程度。变量的定义和描述性统计如表 10－1 和表 10－2 所示。

表 10－1　　　　变量定义

	变量	变量名	变量说明
被解释变量	*FinDev*	存贷款余额/GDP	省份年度存贷款余额与 GDP 之比
	finnumber	金融机构数	对省份每年的金融机构数取对数
核心解释变量	*agingrate*	老龄率	老龄人口数/人口总数
	agingdr	老年抚养比	老龄人口数/劳动力总数
控制变量	*lngdp*	省份年度 GDP	对省份 GDP 总量取对数
	lnpergdp	人均 GDP	对人均 GDP 取对数
	perincomerate	人均收入比	总收入除以总人口数
	urbanrate	城镇化率	一个省份城镇常住人口占该省常住总人口的比例

从表 10－2 可以看出，近年来，人口老龄率最大时达到了 10.66%，老年抚养比最大值是 0.2，这意味着每 5 个人就要抚养 1 个老人，表明部分省份已进入深度老龄化阶段。“存贷款余额/GDP”取对数后的最大和最小值分别是 8.13 和 1.29；金融机构数取对数后的最大值和最小值分别是 9.76 和 6.83；城镇化率的最大值和最小值分别是 89.6% 和 28.24%，可以

看出，各省份城镇化的差距较大。

表 10－2　　样本的描述性统计

变量	符号	样本数	均值	标准差	最大值	最小值
存贷款余额/GDP	*FinDev*	300	2.82	1.11	8.13	1.29
金融机构数	*finnumber*	300	8.62	0.69	9.76	6.83
老龄率	*agingrate*	300	9.8%	5.9%	10.66%	5.5%
老年抚养比	*agingdr*	300	0.13	0.026	0.2	0.067
省份年度 GDP	*lngdp*	300	9.43	0.91	11.3	6.68
人均 GDP	*lnpergdp*	300	10.46	0.54	11.68	8.97
人均收入比	*perincomerate*	300	2.85	0.54	4.5	1.85
城镇化率	*urbanrate*	300	53.51%	13.54%	89.6%	28.24%

数据来源：各年国民经济和社会发展统计公报。

四、实证分析

（一）基本回归结果

表 10－3 展示的是老龄化对金融发展影响的回归结果。本章通过应用软件 Stata 15.1 对比了混合回归效应、固定效应、随机效应模型后选定最优的估计模型——固定效应模型。表中列①显示的是只有老龄率这一个解释变量情况下的回归结果，回归系数是 0.788，且在 1% 的显著性水平下显著，表明老龄率提升对“存贷款余额/GDP”的大小有正向的影响，且老龄率每提高 1%，“存贷款余额/GDP”的值会增加 0.788%。列②是在控制了其他因素的条件下，老年抚养比的变化对“存贷款余额/GDP”影响的回归结果，列②结果显示老年抚养比对“存贷款余额/GDP”有正向的促进作用，老年抚养比的回归系数为 4.159，且在 5% 的显著性水平下显著，表明老年抚养比每上升 1%，“存贷款余额/GDP”的值会上升 4.159%。由

以上两个回归结果可知，老龄化对“存贷款余额/GDP”有显著的正向影响，“存贷款余额/GDP”的值随人口老龄化加深而增加。“存贷款余额/GDP”可以衡量一个地区整体金融的发展状态，在一定程度上其值越大，地区金融发展水平越高。因此，我们可以得出这样的结论：老龄化在初期对一个地区的金融发展有正向的促进作用。

表 10 - 3　　老龄化对金融发展影响的回归结果

变量	*FinDev*	
	①	②
agingrate	0.788*** (0.232)	
agingdr		4.159** (1.732)
lngdp	3.187 (1.892)	3.543* (2.046)
lnpergdp	-2.978 (1.890)	-3.281 (2.061)
perincomerate	0.177 (0.158)	0.224 (0.165)
urbanrate	0.0509* (0.0276)	0.0441* (0.0242)
province	control	control
year	control	control
Constant	2.307 (4.338)	2.230 (4.694)
Observations	300	300
R - squared	0.949	0.949

注：括号中数值是标准差；*** $p<0.01$，** $p<0.05$，* $p<0.1$。

对于控制变量，由表 10 - 3 可知，省份年度 GDP 和城镇化率对金融发展也有显著的正向影响，而人均 GDP 和人均收入比对金融发展水平的影响不显著。出现这种结果可能是因为高 GDP 和高城镇化率的地区可以带来充足的储蓄和基础设施投资，从而促进区域银行存贷款余额的增加和区域的金融发展。

（二）稳健性检验

根据前面的分析我们可以得出这样的结论，人口老龄化对金融发展有正向的促进作用。为了确保结果的稳健性，我们用金融机构总数来代替“存贷款余额/GDP”作为被解释变量来对衡量金融发展水平进行稳健性检验。如表 10－4 所示，老龄率的回归系数是 0.135，且在 1% 的显著性水平下显著，表明老龄率每增加 1%，金融机构数目将增加 0.135%。老年抚养比的回归系数是 0.746，且在 1% 的显著性水平下显著，表明老年抚养比对金融机构数目也是有显著的正向影响。总体来说，老龄化对金融机构数目有显著的正向促进作用。金融机构规模也是衡量一个地区整体金融发展水平的指标之一，由此我们可以得出，老龄化有利于金融的发展，这一结果与前面的分析结果一致，说明上面结果是稳健的。

表 10－4　稳健性检验

变量	*finnumber*	
	①	②
agingrate	0.135*** (0.0320)	
agingdr		0.746*** (0.268)
lngdp	0.768*** (0.181)	0.831*** (0.206)
lnpergdp	－0.773*** (0.189)	－0.827*** (0.213)

续 表

变量	*finnumber*	
	①	②
perincomerate	-0.0436 (0.0317)	-0.0355 (0.0327)
urbanrate	0.00972** (0.00417)	0.00850** (0.00400)
province	control	control
year	control	control
Constant	8.577*** (0.480)	8.563*** (0.511)
Observations	300	300
R - squared	0.994	0.994

注：括号中数值是标准差；*** $p<0.01$，** $p<0.05$，* $p<0.1$。

（三）进一步分析

由于我国各省、自治区、直辖市的人口老龄化程度不一，发展状况不同，国家对各个地区的政策以及发展规划也不相同，因此针对各地区进行详细分析就显得很有必要。所以我们又分析了东部、中部以及西部地区的人口老龄化对金融发展的影响是否具有异质性。由于分成三个板块后的面板数据是长面板数据，因此我们采用对长面板数据具有明显优势的 LSDV 估计法对其进行回归，结果如表 10－5 所示。

表 10－5　　不同区域老龄化对金融发展影响的回归结果

变量	东部		中部		西部	
	FinDev	*FinDev*	*FinDev*	*FinDev*	*FinDev*	*FinDev*
agingrate	2.636*** (0.994)		-4.317 (4.212)		28.61*** (4.179)	
agingdr		-9.869** (4.239)		-1.233 (2.781)		9.966*** (2.006)

续　表

变量	东部		中部		西部	
	FinDev	*FinDev*	*FinDev*	*FinDev*	*FinDev*	*FinDev*
lngdp	-0.338**	-0.316**	-0.0787	-0.127	-0.842***	-0.417***
	(0.150)	(0.153)	(0.193)	(0.198)	(0.110)	(0.0797)
lnpergdp	0.347	0.500	0.721**	0.778**	2.537***	1.745***
	(0.587)	(0.585)	(0.329)	(0.329)	(0.370)	(0.349)
perincomerate	0.328	0.127	1.221***	1.209***	0.00584	0.102
	(0.516)	(0.543)	(0.197)	(0.198)	(0.167)	(0.189)
urbanrate	0.0747***	0.0731***	0.0517***	0.0472***	-0.133***	-0.0812***
	(0.0139)	(0.0140)	(0.0172)	(0.0167)	(0.0189)	(0.0171)
Constant	-3.082	-2.778	-9.807***	-9.929***	-12.22***	-9.234***
	(5.636)	(5.728)	(1.978)	(1.985)	(3.064)	(3.257)
Observations	110	110	80	80	110	110
R - squared	0.629	0.623	0.478	0.472	0.401	0.297

注：括号中数值是标准差；*** $p<0.01$，** $p<0.05$，* $p<0.1$。

由表10-5结果可知，老龄率对东部地区的金融发展有显著的正向促进作用，但是老年抚养比对东部地区的金融发展却有非常显著的抑制作用。老龄化对中部地区的影响并不显著，而对西部地区的金融发展有显著的促进作用。我们猜想这可能是由于具有较高经济发展水平、拥有良好经济基础和受教育程度较高的东部老年人在规划养老资金时会更倾向于低风险稳健性金融理财产品，尤其是具有较高信用度的银行理财产品。从而促进东部地区银行理财产品的创新和东部地区金融的发展。但东部地区平均物价水平高导致抚养老人的资金占用也多，所以在老年抚养比较大时，家庭主要劳动力的抚养负担也大，增加了经济压力，这对当地金融发展有抑制作用。中部地区的老龄化对金融发展的影响并不显著，这可能与其经济发展水平和所处的地理位置有关。西部地区由于地理位置的原因，不易吸引资本投资，而有了一定储蓄的老年人将养老金存入具有稳健回报的储蓄银行时，银行吸收资金进行投资可以促进当地金融的发展，所以回归结果表现出西部的老龄化对当地的金融发展有正向的促进作用。

五、结论及建议

从以上分析可知，人口老龄化对我国金融发展的影响并不全是消极的负面作用，人口老龄化在一定程度上可以促进我国金融市场的发展。其作用机制分析如下：第一，老年人的风险意识趋于保守，他们有了前期储蓄积累从而倾向于将其资产存入具有稳健收入的银行，银行吸收足够的储蓄将其贷出或者进行其他投资，从而保障金融市场上有足够的货币资金，促进金融市场的发展。第二，老年人在看重养老金安全性的同时也非常重视资产的保值增值，金融机构为吸收老年人的资金，会对其金融产品进行创新，研发适合老年人的稳健性高收入型金融产品，从而促进金融产品的创新。第三，越来越多的老年人已认识到家庭养老功能逐渐弱化，为了确保自己“老有所养、老有所医”，他们会将目光转向养老保险和老年护理保险，这会促进保险行业的产品创新，在一定程度上改变了我国的社会保障体系和金融结构。

结合以上研究结果我们可以知道，老龄化可能会对金融发展有一定促进作用，但是人口过度老龄化导致年龄结构失衡势必会对金融经济发展带来一定的负面影响，因此，我们必须重视现在的老龄化问题，在抓住老龄化带来的机遇的同时避免过度老龄化带来的劳动力短缺，避免未富先老的局面加重。我们认为应该采取以下措施：首先，调整生育政策和人口结构，避免全国进入深度老龄化。其次，努力发展养老金融。商业银行应该丰富业务内容，针对老龄群体的稳健投资偏好，研究开发符合老年人特点的产品和服务，抓住前所未有的客户群变化机遇，实现转型升级。再次，中国现有养老服务队伍远远不能满足养老事业发展的客观需求。为了促进老年事业的发展，政府应该出台相关政策大力支持养老人才队伍建设。另外，我们应该借鉴国外应对老龄化问题的经验并结合我国国情，提升应对快速老龄化的能力。最后，加强对老年人金融知识的普及，提高老年人家庭金融资产的配置能力，增强金融市场的活跃性。

参考文献

[1] 安东尼·吉登斯．第三条道路——社会民主主义的复兴 [M]. 北京：北京大学出版社，2000.

[2] 安岩，刘卿卿．我国人口老龄化对商业银行业务的影响与对策研究 [J]. 现代经济信息，2018 (13)：318－319.

[3] 巴曙松，朱虹．人口老龄化对中国金融体系的影响 [N]. 21 世纪经济报道，2016－12－09 (4).

[4] 毕煌．人口老龄化对金融发展的影响分析 [J]. 中国集体经济，2016 (21)：95－96.

[5] 曾兰，牟星月，许余磊，等．我国民营养老机构发展瓶颈与应对思路——以南充市高坪区青松林海养老院为例 [J]. 科技经济导刊，2019 (5)：226.

[6] 车树林，王琼．人口年龄结构对我国居民投资偏好的影响——基于 CHFS 数据的实证研究 [J]. 南方金融，2016 (9)：24－31.

[7] 陈斌开，徐帆，谭力．人口结构转变与中国住房需求：1999—2025——基于人口普查数据的微观实证研究 [J]. 金融研究，2012 (1)：129－140.

[8] 陈春流，卢万青．基于 CHFS 数据的家庭人口结构与住房需求的实证研究 [J]. 海南金融，2017 (7)：4－12.

[9] 陈丹妮．人口老龄化对家庭金融资产配置的影响——基于 CHFS 家庭调查数据的研究 [J]. 中央财经大学学报，2018 (7)：40－50.

[10] 陈国进，李威，周洁．人口结构与房价关系研究——基于代际交叠模型和我国省际面板的分析 [J]. 经济学家，2013 (10)：40-47.

[11] 陈谋娟．“互联网+”视域下民营养老院经营困境调查 [J]. 合作经济与科技，2020 (16)：188-192.

[12] 陈其进．风险偏好对创业选择的异质性影响——基于 RUMIC 2009 数据的实证研究 [J]. 人口与经济，2015 (2)：78-86.

[13] 陈彦斌，陈小亮．人口老龄化对中国城镇住房需求的影响 [J]. 经济理论与经济管理，2013 (5)：45-58.

[14] 陈彦斌，林晨，陈小亮．人工智能、老龄化与经济增长 [J]. 经济研究，2019，54 (7)：47-63.

[15] 陈怡．金融支持养老服务业路径 [J]. 中国金融，2014 (23)：73-74.

[16] 陈钊．我国住房市场消费需求的中长期预测 [J]. 消费经济，1997 (4)：53-56.

[17] 程名望，张家平．互联网普及与城乡收入差距：理论与实证 [J]. 中国农村经济，2019 (2)：19-41.

[18] 党俊武．老龄金融是应对人口老龄化的战略制高点 [J]. 老龄科学研究，2013 (5)：3-10.

[19] 邓宏乾，黄冠，徐升．人口结构变动对住房需求的影响——基于 2002—2016 年省际面板数据的实证分析 [J]. 华中师范大学学报（人文社会科学版），2019，58 (3)：51-59.

[20] 翟振武，陈佳鞠，李龙．中国人口老龄化的大趋势、新特点及相应养老政策 [J]. 山东大学学报（哲学社会科学版），2016 (3)：27-35.

[21] 丁思宁．人口老龄化对我国居民储蓄的影响研究 [D]. 大连：东北财经大学，2013.

[22] 董登新．中国私人养老金储备不如南非，养老财富储备亟待做大 [N]. 第一财经日报，2019-12-3 (A11)．

［23］董克用，姚余栋，孙博．中国养老金融发展报告（2019）［M］．北京：社会科学文献出版社，2019.

［24］杜本峰．人口老龄化对金融市场的影响分析［J］．经济问题，2007（6）：111－113.

［25］冯静生，宋士坤．养老产业发展中金融服务策略研究——以安徽省为例［J］．北京金融评论，2017（4）：122－136.

［26］冯禹．沈阳市民办养老机构运营困境与对策研究［D］．沈阳：沈阳师范大学，2014.

［27］傅玳．杭州民营养老机构存在问题及对策研究［J］．中国市场，2016（38）：55－56.

［28］甘杰．人口老龄化对商业银行经营管理的影响研究［D］．湘潭：湘潭大学，2013.

［29］高爱芳，李芸，陶然．我国商业银行发展养老金融业务的策略研究［J］．中国市场，2018（7）：54－55，57.

［30］高晶．我国人口老龄化对人们购买商业保险的影响［J］．广西质量监督导报，2019（9）：228.

［31］高艳．海口市养老机构发展现状及问题分析［J］．劳动保障世界，2019（9）：31－32.

［32］耿爱生．养老模式的变革取向："医养结合"及其实现［J］．贵州社会科学，2015（9）：101－107.

［33］耿娆．老龄化对我国金融市场发展的影响［J］．中国证券期货，2013（7）：240.

［34］郭琳．家庭结构对金融资产影响的实证研究［J］．改革与战略，2013，29（12）：65－68，104.

［35］郭熙保，李通屏，袁蓓．人口老龄化对中国经济的持久性影响及其对策建议［J］．经济理论与经济管理，2013（2）：43－50.

［36］何翠香，晏冰．社会网络、融资渠道与家庭创业——基于中国

家庭金融调查数据的研究［J］. 南方金融，2015（11）：30－37.

［37］何冬梅，刘鹏. 人口老龄化、制造业转型升级与经济高质量发展——基于中介效应模型［J］. 经济与管理研究，2020，41（1）：3－20.

［38］何君健. 民营养老机构走向连锁之路［J］. 才智，2010（12）：51.

［39］赫国胜，柳如眉. 人口老龄化、数字鸿沟与金融互联网［J］. 南方金融，2015（11）：11－18，37.

［40］胡畅. 关系网络对个体创业选择及其类型的影响——基于 CGSS 数据的实证分析［D］. 南京：南京大学，2019.

［41］胡浩，王海燕，张沛莹. 社会互动与家庭创业行为［J］. 财经研究，2018，44（12）：31－43.

［42］黄加成. 养老服务机构常见风险与规避［J］. 社会工作（学术版），2011（6）：79－82.

［43］黄燕芬，陈金科. 我国人口年龄结构变化对住房消费的影响研究——兼论我国实施“全面二孩”政策的效果评估［J］. 价格理论与实践，2016（2）：12－19.

［44］贾吉明. 商业银行养老服务金融业务探索研究——以某商业银行为例［J］. 中国市场，2020（3）：53－54.

［45］蒋小仙，项凯标，高全义. 人口老龄化背景下我国老年群体创业意愿的影响因素研究［J］. 老龄科学研究，2018，6（8）：17－26.

［46］金春枝，李伦. 我国互联网数字鸿沟空间分异格局研究［J］. 经济地理，2016，36（8）：106－112.

［47］康琛宇，胡日东. 人口老龄化与家庭金融资产选择——基于金融素养的调节效应［J］. 金融论坛，2020，25（12）：59－68.

［48］蓝嘉俊，杜鹏程，吴泓苇. 家庭人口结构与风险资产选择——基于 2013 年 CHFS 的实证研究［J］. 国际金融研究，2018（11）：87－96.

［49］雷舒雯. 我国商业银行养老金融研究［D］. 哈尔滨：哈尔滨商业大学，2016.

［50］李超，罗润东．老龄化、预防动机与家庭储蓄率——对中国第二次人口红利的实证研究［J］．人口与经济，2018（2）：104－113.

［51］李超，倪鹏飞，万海远．中国住房需求持续高涨之谜：基于人口结构视角［J］．经济研究，2015，50（5）：118－133.

［52］李从容，王萍．政策视角下养老机构公建民营管理机制研究［J］．中国物价，2020（2）：93－96.

［53］李洪心，高威．中国人口老龄化对消费结构影响的灰色关联度分析［J］．人口与发展，2008，14（6）：67－72.

［54］李鸿雁，王超．人口老龄化对我国金融业发展的影响分析［J］．江西金融职工大学学报，2008（6）：27－29.

［55］李婧，许晨辰．家庭规划对储蓄的影响："生命周期"效应还是"预防性储蓄"效应？［J］．经济学动态，2020（8）：20－36.

［56］李莉．家庭结构对我国商业养老保险需求的影响研究［D］．西安：西北大学，2017.

［57］李实，朱梦冰．中国经济转型40年中居民收入差距的变动［J］．管理世界，2018，34（12）：19－28.

［58］李思多．我国人口老龄化对货币政策有效性影响的研究［J］．区域金融研究，2020（6）：36－40.

［59］李文．商业银行发展养老服务金融的必要性和策略分析［J］．商讯，2021（4）：79－81.

［60］李小兰，曾盛聪．民营养老机构的融资困境何解［J］．人民论坛，2017（9）：72－73.

［61］李雪冬．我国私营养老机构经营模式研究［D］．秦皇岛：燕山大学，2010.

［62］林敏．公建民营养老机构运行机制研究——以杭州余杭区养老机构为例［D］．杭州：杭州师范大学，2020.

［63］刘红．我国民营养老机构存在的问题及对策［J］．特区经济，

2008（7）：146－147.

［64］刘兰凤，袁申国．住房价格、住房投资、消费与货币政策——基于金融加速器效应的 DSGE 模型研究［J］．广东金融学院学报，2011，26（3）：3－15.

［65］刘润心．商业银行发展养老服务金融的必要性和策略分析［J］．石家庄学院学报，2020，22（2）：76－80.

［66］卢亚娟，刘澍，王家华．人口老龄化对家庭金融资产配置的影响——基于家庭结构的视角［J］．现代经济探讨，2018（5）：40－45.

［67］卢亚娟，王家华．老龄化视角下家庭商业保险持有行为影响因素研究——基于 CHFS 调研数据的实证分析［J］．河海大学学报（哲学社会科学版），2018，20（1）：25－30，90.

［68］卢亚娟，张雯涵，孟丹丹．社会养老保险对家庭金融资产配置的影响研究［J］．保险研究，2019（12）：108－119.

［69］卢亚娟，张雯涵，孟丹丹．农村家庭商业保险参与度的影响因素研究——基于 CHFS 数据的实证分析［J］．金融发展研究，2019（8）：11－17.

［70］逯进，刘璐，郭志仪．中国人口老龄化对产业结构的影响机制——基于协同效应和中介效应的实证分析［J］．中国人口科学，2018（3）：15－25，126.

［71］罗廷锦，茶洪旺．“数字鸿沟”与反贫困研究——基于全国 31 个省市面板数据的实证分析［J］．经济问题探索，2018（2）：11－18，74.

［72］吕静，郭沛，程健．社会关系、风险偏好异质性与家庭创业活动［J］．金融发展研究，2018（10）：22－28.

［73］马嘉彧．人口老龄化对居民商业保险需求的“门槛效应”与“规模效应”——基于 CFPS 数据的研究［D］．大连：东北财经大学，2018.

［74］梅芳，刘军．众筹融资在民营养老机构中的应用研究［J］．齐齐哈尔大学学报（哲学社会科学版），2016（10）：67－69.

［75］孟星．未来人口因素变化对住宅市场的影响［J］．上海综合经济，2000（12）：24－25.

［76］莫骄．人口老龄化背景下的家庭金融资产选择［D］．天津：南开大学，2014.

［77］倪泽雯．A银行老年金融服务创新研究［D］．南京：南京师范大学，2016.

［78］彭继增，陶旭辉，徐丽．我国数字化贫困地理集聚特征及时空演化机制［J］．经济地理，2019，39（2）：169－179.

［79］彭馨馨．新常态下金融支持养老产业运行机制创新研究［J］．会计之友，2018（7）：14－18.

［80］齐明珠，张成功．人口老龄化对居民家庭投资风险偏好的影响［J］．人口研究，2019，43（1）：78－90.

［81］齐明珠．中国人口老龄化对金融资产价格影响研究［J］．人口研究，2017，41（5）：101－112.

［82］秦芳，王文春，何金财．金融知识对商业保险参与的影响——来自中国家庭金融调查（CHFS）数据的实证分析［J］．金融研究，2016（10）：143－158.

［83］邱凤梅．试析老龄化对家庭购买商业保险的影响——基于CHFS 2017的实证分析［J］．西部财会，2020（9）：65－69.

［84］任丁．人口老龄化对城乡家庭购买商业保险的影响研究［D］．上海：上海外国语大学，2019.

［85］桑林．居民幸福感、主观态度与商业保险市场参与——基于中国家庭金融调查数据的研究［J］．经济与管理，2019，33（2）：45－53.

［86］沈浩兵．对金融支持养老机构建设的思考——基于南通银监分局对金融支持养老机构的调研［J］．中国银行业，2014（8）：47－49.

［87］沈淘淘，史桂芬．人口年龄结构、金融市场参与及家庭资产配置——基于CHFS数据的分析［J］．现代财经（天津财经大学学报），

2020，40（5）：59－73.

［88］石莹，赵建. 人口老龄化、养老金市场发展与商业银行养老金业务策略［J］. 理论学刊，2012（6）：65－69.

［89］史代敏，宋艳. 居民家庭金融资产选择的实证研究［J］. 统计研究，2005（10）：43－49.

［90］苏瑞. 湖北省人口老龄化对商业健康险需求的影响研究［D］. 武汉：中南财经政法大学，2019.

［91］谭春贺，王迪. 民营养老机构的融资困境及解决对策［J］. 企业技术开发，2016，35（9）：118－119.

［92］田平，袁婕，张亚，等. 豫南地区居家养老服务的现状、问题与对策研究［J］. 哈尔滨职业技术学院学报，2020（6）：103－106.

［93］田志奇. 人口老龄化与消费结构升级——基于省级数据的经验分析［J］. 商业经济研究，2020（10）：63－66.

［94］未央智库. 通过创业应对人口老龄化对经济的负面影响［J］. 中国经济报告，2020（1）：130－144.

［95］汪伟，艾春荣. 人口老龄化与中国储蓄率的动态演化［J］. 管理世界，2015（6）：47－62.

［96］汪伟，咸金坤. 人口老龄化与家庭创业决策［J］. 中国人口科学，2020（1）：113－125，128.

［97］王伟. 娄底市民营养老院发展现状问题及对策研究［D］. 长沙：湖南农业大学，2017.

［98］王向楠，孙祁祥，王晓全. 中国家庭寿险资产和其他资产选择研究——基于生命周期风险和资产同时配置［J］. 当代经济科学，2013，35（3）：1－10，124.

［99］王晓东. 住房消费的影响因素及其相关问题［J］. 城市发展研究，1998（3）：17－22.

［100］王晓全，贾昊文，殷崔红. 认知能力对中老年家庭商业保险需

求的影响［J］. 保险研究，2019（8）：81－97.

［101］王怿丹. 我国人口结构变化对商业保险购买决策的影响［J］. 上海保险，2020（4）：18－20.

［102］王振宇. 全方位加强金融支持　助力养老服务发展——解读山东省《关于做好金融支持养老服务发展的通知》［J］. 社会福利，2020（7）：15.

［103］吴婵君. 绍兴市民营养老机构发展困境及对策研究［J］. 中国市场，2020（17）：34－35.

［104］吴荣. 我国商业银行中间业务转型发展研究［J］. 企业改革与管理，2020（17）：126－128.

［105］吴卫星，易尽然，郑建明. 中国居民家庭投资结构：基于生命周期、财富和住房的实证分析［J］. 经济研究，2010，45（S1）：72－82.

［106］吴雅琴，顾文祺. 人口老龄化对银行经营管理的影响［J］. 现代营销（下旬刊），2016（11）：109－111.

［107］伍建松. 民办养老机构经营风险研究［D］. 合肥：安徽大学，2017.

［108］夏淼，吴义根. 人口老龄化与我国金融结构的变迁［J］. 西北人口，2011，32（2）：124－129.

［109］谢平，李敏，曹铁军，等. 欠发达地区居民金融素养、金融福祉与普惠金融发展关系研究：以贵港为例［J］. 区域金融研究，2018（9）：55－60.

［110］熊李旸. 建设银行 JX 分行养老金融业务发展战略研究［D］. 南昌：江西财经大学，2020.

［111］徐建红，陈建梅. 我国民营养老机构发展存在的问题与对策研究综述［J］. 对外经贸，2017（1）：71－73.

［112］徐建炜，徐奇渊，何帆. 房价上涨背后的人口结构因素：国际经验与中国证据［J］. 世界经济，2012，35（1）：24－42.

［113］许瑾．我国人口结构对寿险需求的影响研究——基于省际面板数据的实证分析［D］．合肥：合肥工业大学，2019.

［114］晏旻，谢强梦，石珂珂，等．宁夏银川市低龄老年人创业意愿影响因素研究——基于 Logistic 模型［J］．劳动保障世界，2019（17）：12－14.

［115］杨贺．基于 PPP 模式视角下我国养老服务体系构建的金融支持研究［J］．征信，2020，38（6）：66－70.

［116］杨继军，张二震．人口年龄结构、养老保险制度转轨对居民储蓄率的影响［J］．中国社会科学，2013（8）：47－66，205.

［117］杨赞，张欢，赵丽清．中国住房的双重属性：消费和投资的视角［J］．经济研究，2014，49（S1）：55－65.

［118］杨长福，张黎．我国农业人口老龄化对现代农业的影响及对策［J］．农业现代化研究，2013，34（5）：522－526.

［119］姚大锋．以保险机构为核心的养老金融服务模式研究［J］．新金融，2018（11）：41－44.

［120］姚惠娥．公建民营养老机构发展问题与对策研究——以 YH 颐养中心为例［D］．杭州：浙江工业大学，2020.

［121］易祯，朱超．人口结构与金融市场风险结构：风险厌恶的生命周期时变特征［J］．经济研究，2017，52（9）：150－164.

［122］游江天．商业银行对养老金融的支持研究［J］．现代商业，2019（21）：114－115.

［123］余静文，梁润，王勋．金融抑制背后的人口年龄结构因素——基于跨国数据的经验研究［J］．金融研究，2014（2）：1－15.

［124］余新仁．民办养老机构优惠扶持政策落实研究——以福建省为例［J］．社会福利（理论版），2015（6）：50－56.

［125］袁志刚，余静文．中国人口结构变动趋势倒逼金融模式转型［J］．学术月刊，2014，46（10）：55－65.

［126］袁志刚，宋铮．人口年龄结构、养老保险制度与最优储蓄率

[J]. 经济研究 . 2000 (11): 24 -32, 79.

[127] 张安烨 . 石家庄市民营养老服务业发展对策研究 [D]. 石家庄: 河北师范大学, 2019.

[128] 张大鹏, 吕慧敏 . 商业银行开展养老金融业务的策略研究 [J]. 黑龙江金融, 2020 (6): 25 -27.

[129] 张栋, 孙博 . 养老服务金融: 快速老龄化背景下养老储备的多元化探索 [M]//董克用, 姚余栋, 孙博 . 中国养老金融发展报告 (2019). 北京: 社会科学文献出版社, 2019: 74 -97.

[130] 张斐 . 沈阳市民营养老机构发展问题及对策研究 [D]. 西安: 长安大学, 2016.

[131] 张啸, 楼晓寒 . 养老服务企业贷款融资的挑战及建议 [J]. 中国社会工作, 2019 (2): 40 -43.

[132] 张欣欣 . 人口老龄化背景下 80 后商业保险需求研究 [D]. 临汾: 山西师范大学, 2017.

[133] 张叶峰 . 烟台民营养老机构存在的问题及对策研究 [J]. 中外企业家, 2015 (29): 220 -221.

[134] 张再生 . 中国人口老龄化的特征及其社会和经济后果 [J]. 南开学报, 2000 (1): 83 -89.

[135] 郑洁文 . 试论基于社会老龄化背景下商业银行金融业务 [J]. 现代营销 (下旬刊), 2019 (10): 55 -56.

[136] 郑兴刚 . 从“数字鸿沟”看网络政治参与的非平等性 [J]. 理论导刊, 2013 (10): 40 -42.

[137] 钟仁耀, 孙昕 . 公建民营养老机构发展的目标定位研究——以上海市为例 [J]. 社会工作, 2020 (6): 33 -40, 109.

[138] 周航 . 人口老龄化对商业银行经营管理的影响 [J]. 现代经济信息, 2016 (2): 287.

[139] 周弘, 夏鸣 . 金融素养、风险态度对家庭商业保险参与的共同

影响［J］. 成都大学学报（社会科学版），2020（4）：36－43.

［140］周建军，曹文凯，梁丽利．人口老龄化对我国住房消费的影响分析［J］. 湖南大学学报（社会科学版），2019，33（5）：56－63.

［141］周利，冯大威，易行健．数字普惠金融与城乡收入差距："数字红利"还是"数字鸿沟"［J］. 经济学家，2020（5）：99－108.

［142］周裕琼，丁海琼．中国家庭三代数字反哺现状及影响因素研究［J］. 国际新闻界，2020，42（3）：6－31.

［143］朱琳琳，董纪昌，张辉，等．人口老龄化对中国住房需求的影响研究［J］. 系统科学与数学，2019，39（9）：1378－1401.

［144］朱喆．中国的人口年龄结构与房屋总需求趋势［J］. 世界经济情况，2005（22）：24－28.

［145］祝丹，陈立双．人口年龄结构、家庭资产结构与住房财富效应［J］. 金融与经济，2016（11）：53－57.

［146］BAKSHI G S，CHEN Z. Baby Boom，Population Aging，and Capital Markets［J］. The Journal of Business，1994，67（2）：165－202.

［147］GREEN R，HENDERSHOTT P H. Age，Housing Demand，and Real House Prices［J］. Regional Science and Urban Economics，1996，26（5）：465－480.

［148］LINDH T，MALMBERG B. Demography and Housing Demand—What Can We Learn from Residential Construction Data?［J］. Journal of Population Economics，2008，21（3）：521－539.

［149］MODIGLIANI F，ANDO A K. Tests of the Life Cycle Hypothesis of Savings：Comments and Suggestions［J］. Oxford Bulletin of Economics and Statistics，1957，19（2）：99－124.

［150］ALVAREZ S A，PARKER S C. Emerging Firms and the Allocation of Control Rights：A Bayesian Approach［J］. Academy of Management Review，2009，34（2）：209－227.

[151] BLAŽIČ B J, BLAŽIČ A J. Overcoming the Digital Divide with a Modern Approach to Learning Digital Skills for the Elderly Adults [J]. Education and Information Technologies, 2020 (25): 259 -279.

[152] CAI J, STOYANOV A. Population Aging and Comparative Advantage [J]. Journal of International Economics, 2016 (102): 1 -21.

[153] CASTILLA D, GARCIA-PALACIOS A, MIRALLES I, et al. Effect of Web Navigation Style in Elderly Users [J]. Computers in Human Behavior, 2016, 55 (2): 909 -920.

[154] CIPRIANI G P. Aging, Retirement, and Pay-as-you-go Pensions [J]. Macroeconomic Dynamics, 2018, 22 (5): 1173 -1183.

[155] FAIRLIE R W, KAPUR K, GATES S. Is Employer-based Health Insurance a Barrier to Entrepreneurship? [J]. Journal of Health Economics, 2011, 30 (1): 146 -162.

[156] FOUGÈRE M, MERCENIER J, MÉRETTE M. A Sectoral and Occupational Analysis of Population Ageing in Canada Using a Dynamic CGE Overlapping Generations Model [J]. Economic Modelling, 2007, 24 (4): 690 -711.

[157] FRIEMEL T N. The Digital Divide Has Grown Old: Determinants of a Digital Divide among Seniors [J]. New Media & Society, 2016, 18 (2): 313 -331.

[158] KAUTONEN T, DOWN S, MINNITI M. Ageing and Entrepreneurial Preferences [J]. Small Business Economics, 2014, 42 (3): 579 -594.

[159] KAUTONEN T, KIBLER E, MINNITI M. Late-career Entrepreneurship, Income and Quality of Life [J]. Journal of Business Venturing, 2017, 32 (3): 318 -333.

[160] LÉVESQUE M, MINNITI M. The Effect of Aging on Entrepreneurial Behavior [J]. Journal of Business Venturing, 2006, 21 (2): 177 -194.

[161] LI M, SHEN K. Population Aging and Housing Consumption: A Nonlinear Relationship in China [J]. China & World Economy, 2013, 21 (5): 60-77.

[162] MANKIW N G, WEIL D N. The Baby Boom, the Baby Bust, and the Housing Market [J]. Regional Science and Urban Economics, 1989, 19 (2): 235-258.

[163] NGUYEN T, STÜZLE R. Implications of an Aging Population on Pension Systems and Financial Markets [J]. Theoretical Economics Letters, 2012, 2 (2): 141-151.

[164] NISHIJIMA M, IVANAUSKAS T M, SARTI F M. Evolution and Determinants of Digital Divide in Brazil (2005-2013) [J]. Telecommunications Policy, 2017, 41 (1): 12-24.

[165] PADILLA-GÓNGORA D, LÓPEZ-LIRIA R, DÍAZ-LÓPEZ M D P, et al. Habits of the Elderly Regarding Access to the New Information and Communication Technologies [J]. Procedia-Social and Behavioral Sciences, 2017 (237): 1412-1417.

[166] TANAKA T, CAMERER C F, NGUYEN Q. Risk and Time Preferences: Linking Experimental and Household Survey Data from Vietnam [J]. American Economic Review, 2010, 100 (1): 557-571.

[167] THORNTON J. Age Structure and the Personal Savings Rate in the United States, 1956-1995 [J]. Southern Economic Journal, 2001, 68 (1): 166-170.

[168] TIRADO-MORUETA R, HERNANDO-GÓMEZ Á, AGUADED-GOMEZ J I. The Capacity of Elderly Citizens to Access Digital Media in Andalusia (Spain) [J]. Information Communication & Society, 2016, 19 (10): 1427-1444.

[169] YUAN C, JIANG Y. Factors Affecting the Demand for Insurance in China [J]. Applied Economics, 2015, 47 (45): 4855-4867.